MONOGRAPHIES

DE

LABASTIDE-SAINT-PIERRE

Corbarieu et Campsas

PORTRAIT DE L'AUTEUR

MONOGRAPHIES

de

LABASTIDE-SAINT-PIERRE

CORBARIEU ET CAMPSAS

contenant les Légendes de la

MARTYRE DU CLAUX, DE L'HÉROINE DE SAINT-PIERRE

ainsi que la

CHARTE DE CORBARIEU

PAR

Pierre PANISSARD

Ex-Directeur des Écoles de Labastide et de Valence-d'Agen
Instituteur honoraire, Officier d'Académie

MONTAUBAN
IMPRIMERIE ET LITHOGRAPHIE GEORGES FORESTIÉ
23, rue de la République, 23

1907

AVANT-PROPOS

L'histoire d'un village est celle de tous les villages et de la France entière.

GUIZOT.

Appelé dans Labastide, le 2 février 1871, pour y remplir les fonctions d'éducateur, nous nous sommes mis à l'œuvre avec le courage que donnent la jeunesse et la volonté de bien remplir une mission si modeste et si haute en même temps.

Nous n'avons pas tardé à comprendre que notre âme entrait profondément dans celles de nos nombreux élèves, et une confiance réciproque a fait de l'école un foyer de lumière et d'affection.

Peu après, le 22 septembre 1873, avec notre épouse, suivis de la population tout entière, nous conduisions notre fille, Anaïs, âgée de cinq ans, au cimetière communal.

Dans cette douloureuse circonstance, la plupart de nos disciples mêlèrent leurs larmes aux nôtres, parce qu'ils plaignaient leur petite et douce camarade, qui les comblait de ces prévenances enfantines qui font de ces jeunes créatures les sœurs des anges.

Ces heures de douleur, suivies de bien d'autres, n'ont fait qu'augmenter en nous les sentiments d'affection que nous nourrissons toujours pour nos concitoyens.

Jusqu'au jour où l'Administration nous a appelé à un autre poste, en 1886, nous n'avons pas eu le plus petit découragement; l'intérêt que nous portions à ceux qu'au point de vue spirituel nous considérions comme nos enfants était trop haut placé pour que rien pût l'atteindre.

Parti, nous étions encore ici dans le cœur de ceux qui se souviennent, et dans ce petit coin de terre où reposent, depuis plus de deux mille ans, tant de bonnes âmes qui ont droit à notre souvenir.

Enfant adoptif de cette terre que nos aïeux ont fécondée et embellie, nous avons cru être encore utile, dans nos derniers jours, en faisant revivre en quelque sorte les générations qui ne sont plus, et qui ont laissé leurs noms, les marques de leur passage dans les divers quartiers de la commune et jusque dans certaines maisons dont la vieillesse s'impose au respect de tous.

Plus on enfonce les regards dans la lueur sombre des siècles écoulés, plus on est pris de pitié pour les souffrances subies, d'admiration pour l'énergie, les vertus et l'héroïsme même que ces nobles disparus ont souvent déployés.

Étudier le passé est même, croyons-nous, un devoir; c'est dans ce miroir des âges écoulés que nous avons fait, aussi fidèle que possible, d'après les documents puisés dans l'histoire, dans des ouvrages spéciaux à notre contrée, dans les archives départementales, dans celles de notre commune, des communes voisines et, enfin, dans des documents dus à l'obligeance de nos amis, principalement à celle de M. Léopold, de Puylaroque, et de sa veuve, Mme Berthe de Laurens, de Lacenne, que les Bastidens se reverront eux-mêmes dans leurs vieux pères, qu'ils se connaîtront mieux, qu'ils s'estimeront davantage.

Nous formons, en somme, une grande famille dont les membres sont unis par l'amitié, par des intérêts et des devoirs communs; mieux encore, par des mariages qui donnent droit de cité aux nouveaux venus, car, en épousant les filles ou les fils des familles plusieurs fois séculaires, ils sont devenus vieux dans le pays; deux exemples, entre mille, feront comprendre, avec évidence, combien sont anciennes la plupart des maisons qui, à première vue, semblent être ici depuis hier seulement.

Clausade est un nom nouveau; mais M. Jules Clausade est issu d'une famille Izarn, descendante de ce Géraud Izarn, qui a joué un rôle important pendant la Révolution française en luttant contre le pouvoir seigneurial, à la tête des Bastidens, avec Lescure, Moulis, Vigouroux, Courdy et tous les hommes hardis d'alors qui avaient soif de liberté et de bien-être. Le limonadier Preynet, Bastiden depuis vingt ans à peine, compte pourtant des ancêtres notables dans le bourg, car il a épousé la petite-fille de M. Vigouroux, bourgeois de Labastide depuis un temps immémorial.

Donc, en résumé, le temps a effacé bien des noms qu'il a remplacés par d'autres; mais les familles sont là, toujours vivantes, toutes également intéressées à un bonheur commun, à une réputation sans taches.

Nous dédions cet ouvrage, fruit de nos recherches et de nos veilles, à nos Concitoyens ; puisse-t-il, malgré son imperfection, leur être agréable, leur inspirer confiance en eux-mêmes, les inciter à entrer toujours plus avant dans le chemin de la fraternité, où ils trouveront le calme, la joie et la prospérité que réserve l'avenir à ceux qui les cherchent dans le travail, dans l'économie, ayant pour base une culture morale et intellectuelle des mieux soignées.

PANISSARD.

Labastide-Saint-Pierre, le 30 mars 1907.

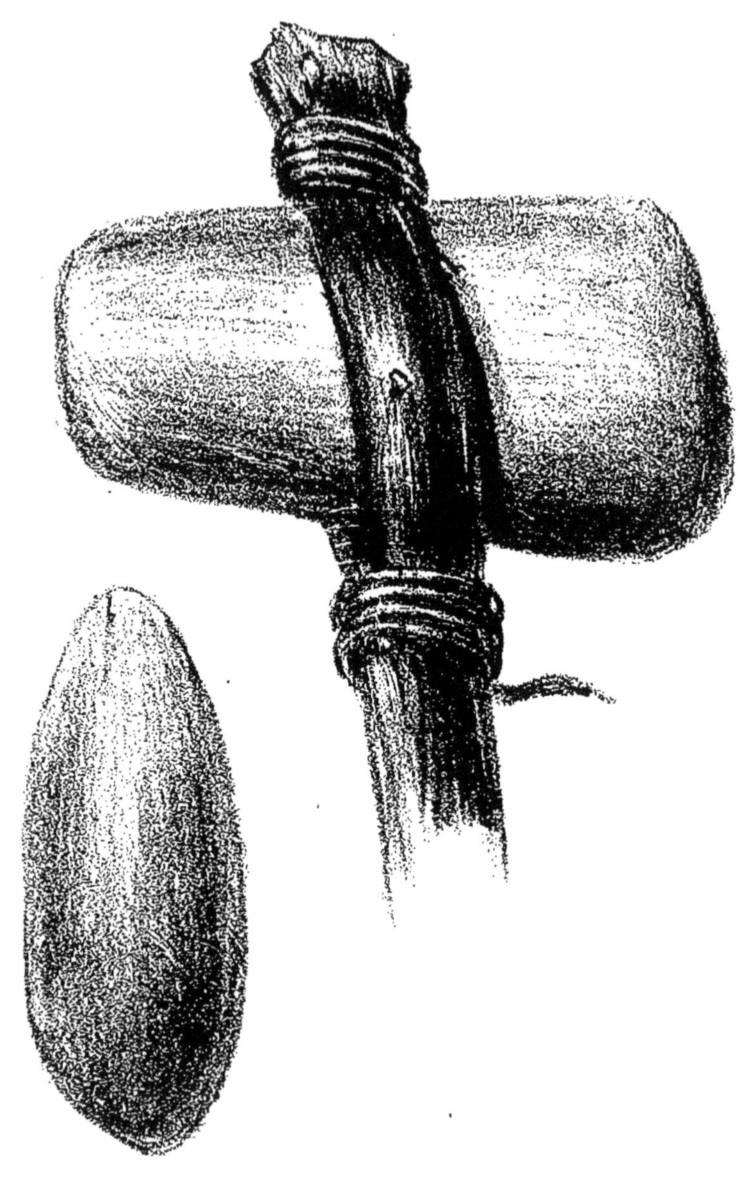

Hache donnée par la famille Montouzy, qui l'a ramassée sur la rive gauche du Tarn, dans Labastide (3 à 4,000 ans avant Jésus-Christ).

PREMIÈRE PARTIE

ROMAINS ET FRANCS

Invasion romaine

Les Romains, sous la conduite de Jules César, se sont emparés de la Gaule, nom de notre pays à cette époque, cinquante ans avant Jésus-Christ.

Les Gaulois, dit-on, étaient un peu sauvages; on les civilisa à coups de lances, de flèches et de massues. Triste manière pour les vainqueurs de se faire aimer des vaincus.

Les Gaulois, en somme, étaient bien plus civilisés que ne le prétend Jules César, et ils le montrèrent bien sous la conduite de Vercingétorix qui, à Alésia, inquiéta vivement l'Envahisseur. Ce qui fit le plus de mal aux fiers vaincus, ce furent leurs divisions intestines, leur indiscipline.

Dans notre région, les vieux Gaulois n'ont laissé aucune trace de leur existence sauf une hache en pierre qui nous a été donnée par la famille Montouzy-Raymond, de Labastide, et une flèche en silex que le hasard nous a fait rencontrer sur l'emplacement de l'ancien village de Saint-Pierre, objets qui remontent à l'âge de pierre, trois à quatre mille ans avant Jésus-Christ.

Dans certaines contrées de la France, les Gaulois ont laissé une immense quantité de pierres, diversement disposées, pour célébrer les sacrifices que faisaient leurs prêtres nommés *Druides.* (Il existe des pierres de cette nature dans le canton de Caylus).

Notre histoire locale commence à se préciser un peu à l'époque où les empereurs romains gouvernèrent la Gaule.

Les Romains firent aux Druides une guerre sans pitié ni merci parce que ceux-ci encourageaient les Gaulois à repousser l'envahisseur. Ce clergé, comme tous les clergés du reste, fut intraitable sur les principes de la foi et des pratiques religieuses; il paya sa résistance obstinée de son anéantissement dans les forêts de la Bretagne.

Les Romains apportèrent aux Gaulois leur civilisation. (On trouve au musée de l'école communale entre autres choses une lampe en terre cuite de l'époque gallo-romaine et diverses poteries.)

Notes éparses

Nous ne pouvons pas assurer que, pour vivre, les Gaulois cessèrent bientôt de chasser dans les grands bois de Campayrac, du Coural et de Barrouillet, mais nous trouvons dans l'histoire (A. Cathala Couture et autres auteurs cités par lui), que les Romains contractèrent des alliances avec eux, qu'ils épousèrent leurs filles, et qu'ils s'éta-

Age de pierre, environ 5,000 ans avant J.-C.

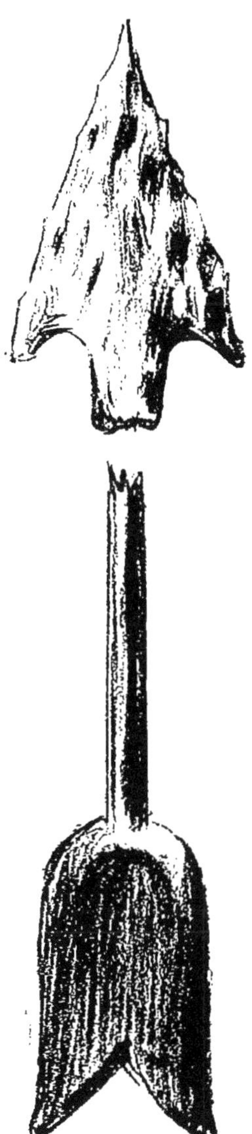

Flèche en silex écaillé trouvée par M. P. Panissard sur l'emplacement du vieux village de Saint-Pierre. (*Lasplaces.*)

blirent dans la localité, près des ruisseaux, à Bartholdy (aujourd'hui Berthouly), à Viguéry, à Léonard, à Callory, à Naudery, à Rabany, etc. Ces noms seuls suffiraient d'ailleurs à indiquer leur origine gallo-romaine.

Les Romains, hommes relativement instruits, furent les premiers cultivateurs qui passèrent la charrue dans les meilleurs quartiers du pays. Ils les relièrent entre eux par une série de chemins tracés avec un bon sens parfait. (*Voir la carte ci-annexée.*)

La grande route qui va de Montauban à Toulouse, en passant par Labastide, nous donne une idée de leur savoir faire: voie large, droite autant que possible, près du Tarn, mais toujours sur le plateau, à l'abri des inondations.

Jusqu'au commencement du XVIIIe siècle, cette route a été suivie par les rois, les princes, les marchands; celle qui passe par Grisolles n'a été faite que dans le XVIIIe siècle.

Le pape Calixte II passa à Labastide, le 20 juillet 1119, venant de Toulouse et allant visiter la célèbre Abbaye de Saint-Théodard de Montauriol.

Un gros orage de la veille avait défoncé la route; le char du Pape resta une demi-heure embourbé dans une ornière. Le châtelain fournit deux chevaux et le chariot fut traîné jusqu'après le ruisseau de la Mouline, aujourd'hui Rieutord.

A partir de ce jour, on creusa un large et profond fossé à côté de la route, devant la mairie actuelle, pour recevoir les eaux surabondantes et dessécher le chemin. (Mémoires des seigneurs de Labastide).

Ce fossé dans lequel pourrissaient les chats et les chiens assommés dans le pays, a été converti en aqueduc couvert, en 1854.

Durant les guerres de religion, le roi Charles IX, qui voulait se rendre compte de l'état des esprits dans le midi de la France, alla visiter plusieurs villes. Il partit de Toulouse, le 11 mars 1565, accompagné de sa mère, la célèbre Catherine de Médicis, de ses frères, du prince Henri de Navarre (plus tard Henri IV), et du sage conseiller Michel de l'Hôpital.

Charles IX et sa suite passèrent à Labastide le 20 mars.

Le seigneur de Labastide fut admis à aller attendre le roi à la Landelle de Barouillet, quelques centaines de mètres après le pont (dans ses terres), à lui présenter ses très humbles respects et à faire partie de l'escorte qui devait protéger sa Majesté et assurer son entrée triomphale en la bonne ville de Montauban.

Un chroniqueur du temps dit à ce sujet: « Et le mercredi XXe jour du dit mois (de mars 1565), le roi Charles IX, venant de Toulouse, dîna au Claus qui n'est qu'un petit chasteau, puis après disner alla passer la rivière du Tarn par dessus un pont de pierre (de brique) pour entrer en la ville de Montauban qui est une belle et forte ville évesché, où le roi fist son entrée: pour ce jour III lieues. »

Le roi fut très satisfait, car il fut bien reçu partout. Avant de s'éloigner, il nomma plusieurs inspecteurs des places appelées à recevoir des troupes royales ou à assurer leur ravitaillement et leur discipline. Le seigneur de Labastide fut désigné pour les places des environs: Fronton, Campsas, Fabas, Orgueil, Nohic, etc.

Le roi Louis XIII, qui était parti de Montauban en 1621, écœuré de son échec devant cette place, vint revoir la ville en 1632 en compagnie de Richelieu, de la Reine et des Dames de la Cour. Celles-ci, en quittant Toulouse, suivirent la Garonne, le voyage en barque étant bien plus doux qu'en carrosse.

Le roi passa par Labastide, le jour de la Toussaint, à trois heures du soir. Il constata, de ses yeux, toutes les horreurs de la guerre, en fut touché, et recommanda que les paysans qui restaient ne fussent pas inquiétés pour leurs impôts jusqu'au jour où leurs maux seraient un peu cicatrisés (Mémoires des de Vignes).

Les Francs

La domination romaine dura environ cinq siècles.

Comme avec le temps tout s'use, les choses et les hommes, les Romains s'amollirent et les belles villes qu'ils avaient agrandies dans le midi de la Gaule, telles que Nîmes, Arles, Carcassonne, dans lesquelles on admire encore aujourd'hui des monuments imposants par leur grandeur, leurs superbes proportions, leur beauté architecturale; celles qu'ils avaient vu bâtir, comme Toulouse, sur la Garonne, Albi, Agen et Carcassonne virent, dans le cinquième siècle, les Francs venus du Nord qui chassèrent les Romains ou se mêlèrent à eux et aux Gaulois pour faire la race franque ou française à laquelle nous appartenons.

A cette époque, les Romains aimaient surtout la guerre; rien de plus naturel que de voir les premiers battus par les seconds. La mollesse est le commencement de la fin des peuples.

Les dieux des Romains n'avaient pas empêché ceux-ci de se corrompre, aussi la religion nouvelle fondée par le Christ, grâce à la grandeur, à la pureté de ses principes, fit de nombreux adeptes.

Malgré la rigueur de certains empereurs romains qui essayèrent plusieurs fois de la noyer dans le sang des martyrs, elle prit une place prépondérante dans notre pays et contribua puissamment à répandre des idées de justice, de douceur en enseignant aux hommes qu'ils sont frères et doivent se traiter en frères.

Clovis se fit chrétien et un grand nombre de Francs suivirent son exemple.

Il protégea les évêques et les prêtres qui lui donnèrent le titre de fils aîné de l'Eglise et facilitèrent son gouvernement.

Clovis assit les bases de la monarchie et de l'unité française.

Après avoir vaincu et soumis toutes les provinces du Nord et de l'Est de la Gaule, il porta ses armes dans le Midi, en 507.

Les Francs descendirent sur Poitiers, puis ils suivirent la Garonne et arrivèrent devant Toulouse dont ils s'emparèrent.

Les Visigoths et les Gaulois Ariens qui peuplaient notre pays eurent à se repentir d'avoir souhaité la venue des Francs; ceux-ci exercèrent le pillage et les ravages sans pitié. Après avoir rejeté les Visigoths en Espagne, ils se replièrent vers le Nord.

Les soldats de Clovis, dit Bernard de Vignes, suivirent la voie romaine de Toulouse à Cahors jusqu'à Labastide; là, ils prirent le chemin de Lavaur vers la Provence, en 508. Cette opinion semble confirmée par Henri Martin (*Histoire de la France populaire*, pages 60-61).

Les successeurs de Clovis furent faibles jusqu'au point de se laisser détrôner par les maires du palais.

Le plus puissant et le plus populaire de ces maires fut Charles Martel qui porta ses armes jusqu'aux environs de Toulouse.

Pendant les deux siècles qui suivirent la victoire de Clovis sur les Visigoths, notre contrée fut relativement tranquille; le christianisme s'y développa beaucoup et contribua à rendre les populations plus douces et plus prospères. (Fondation du monastère de Loc Dieu).

Dès le commencement du VIIIe siècle, les Arabes et les Berbères se jetèrent sur l'Aquitaine et prirent Toulouse. Bernard de Vignes dit que des soldats de Saint-Pierre, des chrétiens, portèrent leurs armes contre les Arabes et, sous le commandement du roi Eudes, prirent part à la brillante victoire que ce dernier remporta sur eux à Toulouse, en 722 (Henri Martin, pages 84-85).

Charlemagne, fils de Pépin, devint roi et fit de grandes choses; il repoussa les Musulmans jusqu'à l'Ebre en passant dans notre contrée.

Il s'empara de l'Europe civilisée, donna des lois aux Francs, protégea les sciences, les arts, établit la dîme dans les capitulaires de mars, fonda des écoles pour instruire la jeunesse qu'il allait de temps en temps visiter et encourager.

L'impulsion qu'il donna aux choses de l'esprit fut telle que les lettres, la philosophie ne s'arrêtèrent pour ainsi dire plus.

Le grand homme mourut en 814. Quelques années avant sa mort, se trouvant dans une ville près de l'embouchure de la Seine, il vit des barques montées par des étrangers entrer dans le fleuve. Il se mit, dit-on, à pleurer.

Ces étrangers navigateurs étaient des hommes du Nord, Suédois, Danois, Alamans, etc. Ils amarraient leurs barques dans un lieu propice, quittaient les fleuves pour entrer dans les terres, pillaient, prenaient tout ce qu'ils trouvaient, animaux et denrées, remplissaient leurs bateaux et regagnaient leur pays.

Les successeurs de Charlemagne furent encore plus faibles que les descendants de Clovis. L'anarchie était partout. La violence et la force étaient en honneur. Jamais les hommes de France n'ont connu plus de maux.

Les paysans disséminés dans les campagnes étaient souvent mis à mort ou ruinés du soir au lendemain.

Contre la force et l'arbitraire, il n'y avait que la force à opposer.

Les Châteaux-Forts

C'est dans le neuvième siècle que les Francs du Nord construisirent leurs châteaux forts sous le commandement d'un chef qu'on nomma le capitaine et puis le seigneur.

Dans le dixième siècle, les habitants du Midi suivirent l'exemple qui venait du Nord et la France entière fut couverte de châteaux forts bâtis principalement sur un côteau ou dans un lieu qui permit de se défendre avec avantage.

C'est autour des châteaux qu'on bâtit les villages. Corbarieu avait son château fort avant cette époque.

Vers la fin du IXe siècle, disent les légendes, et l'examen des lieux leur donne raison, sous la protection du monastère de Saint Théodard, Pierre d'Alba établit une sorte de colonie entre les ruisseaux du Coural et de la Rougette.

Cette colonie, sous le vocable de Saint Pierre, grandit petit à petit et devint un village de cultivateurs ou plutôt de pasteurs paisibles demandant à leurs troupeaux et à la pêche le plus clair de leur modeste existence.

Vivant au milieu des bois, il semble qu'ils avaient voulu éviter les bords du Tarn comme pour vivre plus tranquilles et ignorés d'une société qui, à cette époque, était nomade et brutale.

Une certaine partie du sol sur lequel Saint-Pierre était assis est restée terrain communal jusqu'en 1878; à cette époque, elle fut aliénée en faveur des sieurs Pierre Fayet, Jeanne Baron et Débézis.

Nous avons vu, au ras du sol, avant que la vente en fût opérée, des murs en briques cuites d'une forte épaisseur, ce qui indique que les constructions qui s'élevaient en cet endroit étaient d'une certaine importance.

Les terrains en question sont toujours appelés par les Bastidiens: Las Places (la tradition confirme l'histoire).

Saint-Pierre avait les dispositions du hameau de Laborie, mais avec des constructions plus grandes, plus importantes.

Le cimetière, agrandi en 1884, était à deux cents pas du village.

Un village en ce lieu semble une anomalie; on est moins surpris quand on songe qu'il y avait de l'eau en abondance à la surface du sol et que les ruisseaux, les bois, les prairies environnants fournissaient poisson, gibier et pâturages.

Le Tarn, les ruisseaux de la Rougette, de la Margasse, du Rieutord étaient autant de barrières qui limitaient la Communauté dite de Saint-Pierre.

Les grands propriétaires, leurs colons ou assujettis étaient séparés les uns des autres par des fossés nommés « clots, clottes, balats, chemins et caminoles ».

Saint-Pierre et son territoire restèrent, jusqu'au XIVe siècle, sous l'administration ou la domination des abbés de Saint Théodard, des abbés de Grand Selve et des seigneurs de Corbarieu (Mémoires de M. de Vignasse).

Les moines de Grand Selve devinrent seigneurs de ce pays quand Olric de Corbarieu se fit moine; ils possédaient les forêts de Saint-Pierre, du bois vieux de Camperdut, à droite et à gauche du ruisseau de Fabas jusqu'à la Landelle.

Les dîmes et redevances étaient portées à la connaissance des habitants de Saint-Pierre par un baile nommé par les abbés de Saint-Théodard et agréé par les autres co-seigneurs sus mentionnés; elles étaient payées à Notre-Dame d'Août.

A l'autorité ecclésiastique des abbés de Saint-Théodard succéda celle des évêques de Montauban en 1519. Une pierre située dans notre enclos marquait les limites du diocèse sur la route de Montauban à Lavaur.

DEUXIÈME PARTIE

Curvorivo (Corbarieu)

Situation

Les communes de Labastide et de Corbarieu sont, pour ainsi dire, sœurs puisque la première a été agrandie, plus que doublée, on peut dire, aux dépens de la seconde. Leur histoire semble devoir se confondre. (Voir la carte).

La ville de Corbarieu a été entourée de murailles, elle fut grande et bien peuplée jusqu'aux guerres de religion. On la prétend d'origine gallo-romaine.

Cette opinion parait juste parce que Corbarieu a une situation topographique remarquable.

Limité au nord par un ruisseau qui lui a donné son nom, tiré de son état (Riou courbe), alimenté d'eau par une abondante source naturelle, borné à l'est par des côteaux presque à pic, autrefois garnis de forêts, à l'ouest par la rivière du Tarn, Corbarieu était la clé, en amont comme en aval du Tarn, d'une vaste plaine dont la fertilité est admirable.

La tradition, dit M. Gasc, maire de Corbarieu, prétend qu'il existait une ville commençant en face de l'emplacement des cimetières actuels, et qui se prolongeait très loin du côté de Montauban ; cette ville, agrandie par les Romains, aurait été appelée par eux *Villa longua* (ville longue) dont parlent certains écrits de l'époque du moyen-âge; c'est une erreur, ville longue était seulement une délimitation administrative.

Nous n'ajouterons rien à cela, mais toute tradition peut avoir sa valeur, c'est pourquoi nous avons pensé qu'elle pouvait trouver place ici.

Le château de Corbarieu était bâti sur un mamelon étroit, élevé, qu'on suppose être un oppidum romain. Les habitants du pays appellent le point culminant: *Fort Lamothe.*

Autour du château, principalement du côté de l'ouest, était bâtie la ville formant gradins encore assez bien dessinés.

Le percement d'une route nouvelle presque à la base du mamelon, a mis à nu des tuiles canal qui couvraient probablement des maisons de la ville et dont certaines étaient appuyées contre les fortifications.

A cet endroit encore, on a trouvé un couple de squelettes humains inhumés dans la roche calcaire composant le côteau.

La vieille ville de Corbarieu et le château ont laissé des traces qui ne sont pas entièrement effacées.

Du haut du monticule, les regards émerveillés des visiteurs se perdent dans le lointain ayant pour horizon les Pyrénées et pour assises les ondulations verdoyantes d'une vaste et riche plaine dans laquelle serpente le Tarn, aux rives élevées garnies d'arbres forestiers, de hauts peupliers qui les embellissent et les protègent contre les éboulements.

La rivière, navigable jusqu'au delà d'Albi, arrose pour ainsi dire les pieds du village de Corbarieu.

Du château, on pouvait surveiller la navigation; pas une barque ne pouvait échapper à l'œil des guetteurs et quelques perches seulement étaient à franchir pour se jeter sur l'ennemi qui aurait voulu abuser de la force.

De plus, sur la rive gauche, un autre château faisait sentinelle et montait pour ainsi dire la garde au service du premier; c'était le Claux.

Féodalité

L'époque dont nous parlons est connue sous le nom de féodalité.

Le gouvernement féodal, ou plutôt le régime féodal, a commencé au IXe siècle et s'est perpétué, avec des tempéraments divers, jusqu'au XVIIIe siècle.

L'histoire de notre petit pays est ici presque muette et les seigneurs de Curvorivo, comme tous leurs égaux, faisaient faire leurs actes par des légistes et les marquaient du pommeau de leur épée, ne sachant signer, disaient-ils, pour cause de noblesse; ce sont seulement les grandes cités comme Toulouse, Montauban, Albi, etc., qui ont répandu un peu de leur clarté sur les peuplades environnantes.

Ceux qui habitaient les châteaux et qui en étaient les maîtres prirent les noms de seigneurs et de châtelains. Ils gouvernaient non seulement dans leurs familles, mais aussi dans les villes et villages qui en dépendaient, ayant droit de haute, moyenne et basse justice sur les habitants, c'est-à-dire de prélever toutes sortes de redevances, de torturer les accusés, d'exproprier les condamnés, d'emprisonner, de mettre à mort.

Les Châteaux et leurs Prisons

Tous les manoirs féodaux avaient leurs prêtoires, leurs juges, leurs instruments de torture, leurs justiciers, les moyens de répression contre les justiciables qui se mettaient dans un mauvais cas.

Nous n'avons pas à faire connaître ici les différentes phases par lesquelles sont passés les usages féodaux par rapport à la manière d'interroger les prévenus, de leur arracher des aveux sur les crimes qu'on leur reprochait par des supplices que tout le monde peut connaître en consultant des ouvrages spéciaux, mais nos lecteurs ne seront peut-être pas indifférents à la courte description que nous pouvons faire, de visu, des dispositions prises par les barons de Terride et les comtes de Lomagne, au château du Claux afin de châtier leurs vasseaux enfreignant les lois ou les usages qui les régissaient.

Il y a vingt ans à peine, devant la façade principale du château, au delà de la cour d'honneur, dissimulé dans un massif de verdure, s'élevait un petit pavillon à deux pièces contigües; l'une était destinée au bayle, l'autre au geôlier. Par une porte basse, garnie de solides verroux, on pénétrait dans une immense pièce souterraine, tournée en voûte élevée et assez élégante ; c'était là sans nul doute, que se trouvaient les instruments de torture, depuis longtemps enlevés, c'était là que les prévenus récalcitrants ou dangereux, attachés, les mains derrière le dos, liés à des anneaux de fer scellés dans les murs, attendaient que les questions les concernant leur fussent posées.

A côté de cette grande pièce, une autre plus petite donnait accès dans des corridors voûtés et sombres, en briques cuites, qui conduisaient dans les prisons disposées en trois étages superposés. Ces trois étages que les injures du temps n'ont encore pu ruiner entièrement méritent d'attirer l'attention du visiteur.

Au milieu de chaque voûte, on avait ménagé un orifice carré dans lequel un homme pût passer et qui était destiné à recevoir le panier dans lequel on descendait les vivres que les géôliers distribuaient aux condamnés.

Les baies, perpendiculairement superposées, sont placées au milieu du passage entre le vestibule ou corps de garde du château et l'office, immense cuisine dont les fenêtres donnent sur le Tarn.

Le marmiton désigné dans l'office soulevait la trappe et, avec une corde, descendait les vivres aux geôliers ; ceux-ci les portaient à leurs pensionnaires dans les cellules qu'ils occupaient et dont la plupart sont actuellement remplies de terre ou de moellons.

Entre le vestibule et l'office, on voit l'escalier par lequel passaient les maîtres du manoir pour

Lampe de l'époque gallo-romaine.

se mettre en relation avec les prisonniers de marque qui occupaient l'étage supérieur.

Les prisonniers de la haute roture ou les condamnés qui méritaient les sévérités de la justice occupaient le second étage.

Enfin, les grands malfaiteurs, les manants de la basse roture, occupaient l'étage inférieur, à neuf mètres sous terre, dans des cachots humides où des crapauds ne vivraient pas.

Tant que durèrent les invasions normandes, les seigneurs se montrèrent relativement justes et tolérants envers leurs vassaux dont ils partageaient souvent les privations et les souffrances; quand elles prirent fin, les châtelains se firent la guerre entre eux, et partout, dans l'Europe entière, ce n'étaient que pillages, meurtres et rapines de toutes sortes; paysans et vilains, selon les résultats des combats, passaient d'un châtelain à un autre comme troupeaux et bétail de ferme.

Par acte public du mois de novembre 1208, un seigneur des environs de Grisolles donna à sa femme le château qu'il possédait avec 300 livres de rente, les terres en dépendant, *tous les hommes, toutes les femmes et enfants* qui y habitaient (Moulenq).

On trouve dans les archives beaucoup d'actes de cette nature.

Les classes de la Société

On distinguait plusieurs catégories de personnes, d'abord les riches et puissants seigneurs de Normandie, de Bretagne, de Bourgogne, etc., vassaux directs du roi. Au-dessous d'eux des comtes, des barons, des marquis, vassaux des premiers.

Ensemble ils formaient la noblesse.

Après la noblesse venait une deuxième catégorie de personnes, c'étaient les gens d'église, évêques, prêtres, prieurs, moines de tous ordres; ces hommes recevaient les revenus des biens dépendant des cures, des monastères qu'ils occupaient et en plus des dîmes qui leur étaient payées par leurs paroissiens conformément aux prescriptions de Charlemagne et des usages que des coutumes diverses avaient aggravés.

La troisième catégorie de personnes était la plus nombreuse et à peu près la seule qui supportât les charges de l'Etat, ou des états; elle était divisée en classes.

La première était celle des hommes qui étaient propriétaires du sol qu'ils cultivaient, des magasins, des boutiques, des usines où ils exerçaient leurs industries, etc. C'était la haute roture ou bourgeoisie; elle était nombreuse dans le territoire de Corbarieu et très petite dans Labastide. Vigouroux seul était reconnu bourgeois au XVIe siècle. Les hommes de la basse roture étaient appelés vilains, manants, selon leur catégorie; ils comprenaient les trois quarts de la population et souvent davantage.

Les Communes

Les Français, pendant le XIe et le XIIe siècles, furent très malheureux à la suite des craintes, des troubles que les terreurs prédites par le clergé pour l'an mil (la fin du monde) avaient jetées parmi eux. Ils n'hésitèrent pas à écouter les moines qui prêchaient les croisades, sous l'inspiration du célèbre moine Pierre l'Ermite, et à partir pour un pays plus riche où ils auraient du pain, des fruits en abondance, un ciel plus clément, où, enfin, ils ne grelotteraient pas sous des haillons.

Ils partirent par milliers de tous les points de la France; il y en eut quelques-uns de Saint-Pierre, mais surtout de Corbarieu, sous la conduite de leurs seigneurs Marc et Blaise de Curvorivo.

Comme ils ne savaient pas écrire, ils ne purent donner de leurs nouvelles à ceux qui restaient.

De 1095, sous Philippe Ier, à 1270, date de la mort de Saint-Louis, il n'y eut pas moins de sept croisades qui coûtèrent la vie à plus d'un million de Français.

Les Croisades donnèrent aux nobles et au peuple des idées nouvelles qui eurent de féconds résultats.

En route, sur les champs de bataille, la même langue, les mêmes besoins, les mêmes privations, donnèrent naissance aux idées de solidarité et de fraternité; la liberté devait en découler.

Beaucoup de seigneurs moururent en Palestine, certains s'y établirent.

Les vilains et les paysans qui, pendant ce temps s'étaient multipliés et enrichis, grâce à la tranquillité relative dont ils jouissaient, ne furent pas d'humeur à rentrer sous le joug seigneurial.

Pour défendre plus aisément leurs biens et

leurs personnes, ils formèrent des associations nommées communes.

Dans notre pays qui était régi par le droit romain, les seigneurs n'étaient pas les maîtres absolus, cependant, dans Labastide, la volonté seigneuriale était très respectée, on ne trouve aucune trace de pouvoirs consulaires jusqu'à la fin du XVIe siècle (1615).

Corbarieu qui était une ville importante, dans le XIIIe siècle, avait une représentation consulaire et des lois ou coutumes qui datent de 1265 (charte). (Mémoires des marquis de Gensac).

Les croisés apprirent à construire des moulins à vent et à eau; ils rapportèrent d'Orient quantité d'arbres fruitiers dont se parent nos plaines, et dont s'embellissent les côteaux de Corbarieu, tels que pêchers, abricotiers, cerisiers et une foule d'arbres d'agrément.

Les moulins à eau devinrent très communs sur le Tarn.

Les Chartes ou Coutumes

La famille des Curvorivo, bénéficiaire des comtes de Toulouse, riche et puissante dès le onzième siècle, a laissé des traces de son existence par actes publics dont le premier est en date de 1114; c'est une donation faite par Jourdain, comte de Toulouse, en faveur de l'abbaye de Montauriol, en présence de Raymond et de Jourdain de Curvorivo, que nous nommerons désormais Corbarieu.

Dans le XIIe siècle, les Corbarieu firent d'importantes donations au monastère de Grand-

Selve; la première fut faite par Armand et sa sœur Broïles, en 1169; la deuxième par Raymond et Jourdain, en 1171; la troisième par Armand, en 1189; la quatrième par Olric, en 1191. A cette dernière date, les Corbarieu étaient seigneurs de Bressols, de Saint-Nauphary et de plusieurs localités voisines parmi lesquelles était comprise une partie de Labastide, comme nous aurons l'occasion de le redire.

En 1260, Armand de Corbarieu, le plus riche de la famille, aliéna en faveur de Sicard d'Alaman, premier ministre de Raymond VII de Toulouse, puis d'Alphonse de Poitiers, une grande partie de ses biens; les frères et les parents d'Armand protestèrent contre cette donation; ce furent Jourdain de Montpezat et Tardieu de Corbarieu; ils en appelèrent au roi Philippe le Hardi et une transaction eut lieu, le 14 janvier 1282, confirmée le 2 mars 1283 par le roi de France.

A partir de cette date, les rois de France eurent des droits sur Corbarieu, à la grande satisfaction des habitants.

En 1265, les co-seigneurs de Corbarieu, à la demande des habitants, leur octroyèrent une charte rédigée en langue romane qu'on trouvera in-extenso à la fin du présent volume et dont nous transcrivons textuellement les premières lignes: « *In nomine domini nostri Jeshu Christi, Amen. Conoguda causa sia als presens et als endevenedors que aquesta presen carta veyran ny auziran legi que la universitat dels hommes del castel de Corbario, et de la honor, soes asaber: En Bertran Amaneus, en Ramon Lunel, etc.* ». Suivent les noms des notables du territoire de la seigneurie qui assistèrent à la rédaction de ces coutumes, lesquelles furent confirmées par Sicard d'Alaman, le 15 avril 1266; par G.-G. de Corbarieu, par Tardieu et Grimaud de Corbarieu, le 19 du même mois; par G. et B. de Montpezat, le 23 du dit; par R. Amanieu, le 23 mai 1269.

Les divers articles de cette charte sont à très peu de choses près les mêmes que ceux contenus dans les diverses coutumes octroyées aux Bastides du Languedoc et de l'Agenais par Alphonse de Poitiers, et que nous mettrons sous les yeux de nos lecteurs quand nous parlerons de la Bastide-Saint-Pierre.

Nous ne saurions pourtant passer sous silence des clauses particulières aux habitants de Corbarieu: savoir que les Consuls eurent des attributions bien définies et que tous, hommes et femmes, purent user librement de certains terrains dits communaux, et enfin qu'il leur fut permis de pêcher librement dans la rivière du Tarn entre les ruisseaux de Belloc et d'Orgueil.

En 1297, Guillaume de Corbarieu maria sa sœur, Scaronhe, avec Pierre Amanieu, et lui constitua en dot: 1° Un neuvième de la moitié de la juridiction du château, se réservant l'autre entière moitié; 2° divers cens et rentes au capital de 1,500 sols, bons et noirs, au nouveau coin de Tours, et 500 autres sols tournois payés comptant en numéraire; 3° un lit complet garni de soie, quatre draps, des vêtement nuptiaux, une tunique avec des fourrures. Le contrat de mariage fut reçu le 12 décembre 1306 par Arnaud de Moissac, notaire, en présence d'Adhémar de Roset, recteur des églises de Corbarieu, et autres témoins.

A cette époque, il y avait dans Corbarieu un prieuré et trois églises: la plus importante, au quartier de la Motte-Basse, dédiée à Saint-Michel; l'autre, au centre des faubourgs, sous le vocable de Saint-Sernin; la troisième près du Tarn, appelée Notre-Dame du Pont ou du Pontet.

Guerre de Cent-Ans

Nous devons aux remarquables travaux d'érudition du modeste mais très distingué M. Edouard Forestié de Montauban, le plaisir de dire à nos lecteurs que les hommes du XIVe siècle jouissaient d'une certaine aisance que vinrent trop souvent troubler les incursions des Anglais pendant la guerre de cent ans.

Les preuves de ce bien-être se trouvent dans un ouvrage intitulé: *Archives historiques de la Gascogne. Livres de comptes des frères Bonis commentés et annotés par le dit M. Edouard Forestié.*

Nous le remercions vivement d'avoir bien voulu mettre sous nos yeux ce précieux travail duquel nous avons extrait les notes qui concernent certains de nos anciens compatriotes, persuadé qu'elles seront bien accueillies par nos contemporains:

En Johan Baricira, ostalier de la Bastida S. Peire, deu per II palms tela vert, e per I cart fil vert, e per II ochaus sedas, que hac a II de dezembre. T. Tozet Guasc, l'escut per XXIII s. : III s.

Jean Barière, hôtelier de Labastide-Saint-Pierre, doit pour 2 mesures toile verte et pour 1/8 fil vert et pour 2 écheveaux de soie qu'il paiera le 2 décembre. Témoins Tozet Gasc, l'écu pour 23 sous : 3 sous.

Johan Bariеira, ostalier de La Bastida S. Peire, deu per lo loguier de I drap d'azur : XV s., e per III tortises de lh. e mega cascu, a IIII s. la lh., e per Iª onsa ensens : XVIII d. quelh tramezem a VII de genier, per Mᵉ P. de Guaribaut, per la fornitura de sa molher. Testimoni Mᵉ Gautier de Mauriac, e Guiraut Bonis quelh o bailec a XXXVII s. l'escut, que monta : II lh. XII s. VI d.

Item deu per I comte enreires a LXVI cartas, de bona moneda : III s.

E nos a lu que bailec am B. d'Antocla : I escut.

Finat am lu a XXII de novembre l'an XLVIIII (1349).

Lo senhen P. Ananio, donzel, senher de Corbario, deu per resta de I comte enrieres a XXXIII cartas, comte fag am lu, que monta : XIII escut e XIII s. t.

Item deu per Iª monesio, e per l'escumenge que bac en dezembre : VIII s. t.

E avem de lu II jutgat, la u de XI escut que fe Mᵉ R. Bramaire, e autre de XIX escut que fe Mᵉ W. de la Boria.

Jean Barrière, hôtelier de La Bastide Saint-Pierre, doit pour le loyer d'un drap d'or : 15 sous, et pour 3 cierges d'une livre et demie chacun, à 4 sous la livre, et pour une once d'encens 18 deniers qu'il me paiera le 7 janvier pour Mᵉ P. de Guaribaud, pour la sépulture de sa femme. Témoins : Mᵉ Gautier de Mauriac et Guiraud Bonis, qui le livra à 37 sous l'escut, qui monte à 2 livres 12 sous 6 deniers.

Idem, dû pour un compte porté en arrière à la page 66 en bonne monnaie : 3 sous.

Et nous lui devons paru qu'il donna à B. d'Antéola : un écu d'or.

Réglé avec lui le 22 novembre 1349.

Le seigneur P. Amanieu, damoiseau, seigneur de Corbarieu, doit pour reste d'un compte écrit en arrière, à la page 33, compte fait avec lui, moutant à 13 écus et 13 sous tournois.

Idem, dû pour un monitoire et pour l'excommunication qui eut lieu en décembre : 8 sous t.

Et avons contre lui deux jugements, l'un pour 11 écus que fit Mᵉ R. Bramaire, l'autre pour 19 écus que fit Mᵉ W. de la Boria.

Item deu per los partisipans : »».

E nos a lu quelh bailec a XXVIII de junh l'an XLVIII (1348) : III escut.

Lo dia desus lhi redem apsolvesio, e jurec sus S. Evangelis de Dio, a paguar estanquidamen v escut d'aur, a S. Johan que ven, el demoran a nostra volontat. Fo alongat a Martro sot lo sagramen.

Idem, dû pour les participants : frais » ›.

Et nous lui devons qu'il donna le 28 de juin, l'an 1348, 3 écus.

Le jour que dessus nous lui rendîmes l'absolution, et il jura sur les saints évangiles de Dieu de payer entièrement 5 écus d'or à la Saint-Jean prochaine, et le reste selon notre volonté, Nous avons prolongé la date du paiement à la Toussaint, sous la foi du serment.

La guerre de cent ans commença en 1337. Les Anglais s'avancèrent dans l'Aquitaine, prirent Bordeaux, suivirent en partie la Garonne et arrivèrent dans l'Agenais puis enfin devant Montauban. Charles V ordonna de fortifier toutes les places capables d'une sérieuse résistance; le fort de Corbarieu fut agrandi et eut des capitaines nommés par le roi.

La guerre en ce temps là n'était pas le redressement d'une injustice par les armes, c'était l'abus des droits du plus fort. Les bataillons se composaient non d'hommes instruits et disciplinés, mais de tous ceux qui aimaient les luttes et les aventures, sans presque tenir compte des nationalités.

Les vilains, les manants qui n'avaient rien à perdre se mettaient volontiers sous les ordres du capitaine qui les payait et dévalisaient tranquillement leurs concitoyens, quand la fortune était pour eux. Le duc d'Anjou, lieutenant du roi de France en Languedoc, après le départ des Anglais qui quittèrent Montauban ayant à leur tête Jean Chandos, envoya Ratier de Belfort contre les Montalbanais qui tendaient à s'affranchir de l'autorité royale, pour les châtier (1369). Le Comte d'Armagnac et Ratier avaient promis 18,000 francs d'or aux bandes de routiers et de mercenaires qui ravageaient la contrée; Corbarieu devait payer 2,000 francs; Ratier, pour les contraindre, s'entendit avec un des chefs des bandes anglaises, et il chargea le bâtard de Landorre de ravager le pays.

Plusieurs des siens, complices, fauteurs, adhérents et malfaiteurs, se portèrent immédiatement sur Corbarieu, y demeurèrent environ trois semaines, firent éprouver aux habitants de cette ville (*dictœ civitatis*) d'innombrables dommages, en prirent et incarcérèrent plusieurs, les obligèrent à force de coups et de blessures à racheter leur liberté, leur enlevèrent leurs bestiaux, et leur occasionnèrent des pertes tellement grandes qu'ils furent obligés de suspendre leurs travaux pendant plus d'un mois (*Moulenq*). Il n'y eut plus en ce moment que douze feux dans Corbarieu payant chacun 19 francs d'or, environ. Comme chacun pense, les Anglais ne firent pas seulement du mal à Corbarieu mais à tous les pays qu'ils traversèrent, Labastide, Bressols, etc.

Le comte d'Armagnac nomma les capitaines devant commander le château de Corbarieu et pour être plus tranquille, leur vendit ses droits moyennant 7,000 écus d'or.

Odet de Terride, seigneur de Dieupentale, épousa une demoiselle d'Audibert et devint seigneur de Corbarieu, mais il dut lutter contre les prétentions des capitaines du château, il fut enfin confirmé dans ses possessions par un arrêt du parlement de Toulouse en date du 23 mars 1438. La guerre de cent ans était terminée (1453).

Les capitaines du château continuèrent à recevoir les redevances au nom du roi; le plus fort de ces usurpateurs fut Jean d'Astoart qui s'empara de tous les revenus jusqu'aux péages sur le Tarn.

Odet de Terride plaida énergiquement et Catherine d'Audibert, sa femme, le 20 décembre 1469, fut remise en possession de ses biens par Jean Auriol, licencié ès-droits, lieutenant du Juge de Villelongue.

Le roi Louis XI s'empara des biens du comte d'Armagnac, par décision du parlement de Paris, (7 septembre 1470)), nomma capitaine du château de Corbarieu Jean de Saint-Etienne, seigneur de Montbeton; celui-ci fort de l'appui du roi dont il était le Maitre d'hôtel, fit brûler quantité de meules de foin et de paille de ses pagés (Bordiers). Comme les victimes de ces vexations se plaignaient, il jugea bon d'être encore plus sévère; du haut d'une des tours du château il criait à ses gens: « *Abattez, ribaulx, car encore en ferey de plus forte que n'est ceci.* »

Il fit venir les consuls et leur dit durement qu'il lèverait tous les droits de Catherine: « *qu'il la geterait de sa maison et la ferait voler par la muraille avec tous ses gens, et que bientôt, dans toutes ses terres, il n'y aurait ni coq ni géline* (poule). »

Catherine et les consuls ne se laissèrent pas

intimider, ils portèrent plainte à Louis XI qui révoqua la nomination de Saint-Etienne et rendit justice aux plaignants.

Catherine d'Audibert laissa deux filles de son mariage avec Odet de Terride, Marie et Anne. Marie n'eut pas d'enfant et légua ses biens à Gaston de Lomagne (8 mars 1496). Marie mourut au Claux, en mai 1505.

Anne, mariée à Raymond d'Angilbaud, eut quatre filles qui contestèrent à Gaston de Lomagne les biens qui lui avaient été donnés par Marie de Terride. Le procès dura longtemps. Gaston ayant besoin d'argent, ou craignant de perdre sa cause, fit une vente secrète à la Communauté de Corbarieu (Mémoires des de Vignes). Cependant il y eut un arrangement par acte public et Bertrand de Terride se reconnut vassal du roi, dans la baylie de Villemur, pour les lieux de Campsas, de Labastide, etc.

Les Bastidens, pour la première fois, eurent la satisfaction de constater qu'ils avaient le droit d'en appeler au roi si leurs seigneurs se montraient durs et injustes.

La volonté seigneuriale n'était plus désormais incontestable et toute puissante.

Nous aurons à dire, en parlant de Labastide, quelle fut l'origine de la fortune de la famille de Vignes de Puylaroque, mais nous pouvons dire déjà qu'elle commença par le mariage d'Arnaud de Vignes avec Marie d'Angilbaud, descendante des barons de Terride (1413).

La Réforme

Les Anglais, en ravageant la France, n'avaient eu qu'un but: s'emparer d'un pays où la richesse étalait ses fleurs d'or dans tous les champs aux fécondes moissons, ou tout prendre aux vaincus pour la tranquillité et le bien-être des vainqueurs.

Ils obtinrent un résultat qu'ils n'avaient pas prévu, ce fut de faire naître un germe puissant: *Le réveil national.*

Tant de souffrances, tant de malheurs immérités firent réfléchir les Français; la Patrie, la Fraternité, la Solidarité prirent un nom, et, sans se connaître, pour ainsi dire, se tendirent les mains.

Les femmes elles-mêmes, lasses de voir du sang et des pleurs, prirent les armes, combattirent et moururent à côté de leurs époux pour la défense de leurs foyers.

Parmi les vaillantes de cette époque héroïque, les noms des plus courageuses sont restés dans toutes les mémoires depuis Jeanne la bergère de Domrémy, l'autre Jeanne, la bourgeoise de Beauvais, jusqu'à la courtisane de Charles VII, la belle Agnès.

Il semble qu'après avoir montré tant de vigueur, d'énergie, la France avait le droit d'espérer des jours paisibles et prospères; il n'en fut rien, un mal nouveau couvait sous la cendre qui, en naissant, prit le nom de réforme ou protestantisme.

Le sol français était couvert de riches et puissants monastères; dans chaque paroisse importante il y avait plusieurs prêtres; dans Campsas on comptait six curés et deux vicaires, dans Labastide un curé et deux vicaires; dans Bressols il y avait un prieuré dont dépendaient les églises de Saint-Lyzier et de Coupiac.

Parmi les membres du clergé, il y en avait trop qui ne donnaient pas toujours l'exemple de la modestie, du désintéressement et de l'austérité; le peuple s'en apercevait. Non seulement la France, mais l'Allemagne surtout était travaillée par un esprit de révolte qui éclata en 1517 à la voix d'un moine nommé Luther; il attaqua certains dogmes de la religion catholique et fonda une nouvelle doctrine religieuse.

Quand la religion luthérienne fut établie, elle trouva des adeptes un peu partout.

Les habitants de Corbarieu embrassèrent, en grand nombre, les idées de la Réforme et firent cause commune avec les Réformés de Montauban.

Les rois de France tentèrent vainement de noyer la religion protestante dans le sang,

Les protestants des campagnes se réfugièrent dans les places fortes avec les citadins; ils rendirent coups pour coups, et finirent, au prix des plus grands sacrifices, par obtenir la liberté de conscience.

Corbarieu lutta longuement contre les armées royales. Montauban le soutenait.

Montauban, en 1621, résista victorieusement au siège qu'en fit Louis XIII. Richelieu arriva au ministère en 1624 et fit changer les choses de face.

Les protestants de la La Rochelle furent vaincus; ceux de Montauban furent peu après obligés de se soumettre et déjà, en 1621, sur les ordres de Louis XIII, le château de Corbarieu avait été démantelé par les soins du seigneur de Labastide, François de Vignes; pour cette action, il reçut les félicitations du maréchal de mines, au camp de Corbarieu, le 28 septembre 1622.

Villebrumier, ruiné par le duc de Vendôme, fut donné au marquis de Puylaroque en récompense de l'appui qu'il avait donné aux armées royales en vivres et en munitions.

Les guerres de religion portèrent le dernier coup à Corbarieu; la ville fut à peu près détruite et les restes du château disparurent à leur tour.

Le village actuel fut rebâti au pied du côteau, au-delà des murs de l'ancienne ville.

Les derniers seigneurs de Corbarieu

Nous avons laissé dans l'ombre les noms de certains seigneurs qui avaient commandé à Corbarieu parce que leurs actes n'offrent rien que d'ordinaire; nous avons retenu ceux qui ont eu des démélés entre eux ou avec la Communauté; certains, Gaston de Lomagne et les d'Audibert, entre autres, firent des contrats dont la validité fut contestée, ce qui obligea le roi Louis XII a user des prérogatives royales et à s'emparer de la seigneurie de Corbarieu qu'il transmit en mourant à François Ier (1515).

Celui-ci, à son tour, la donna à sa sœur Marguerite, épouse du duc d'Alençon.

Enfin, les époux d'Alençon firent un échange des biens qu'ils possédaient à Corbarieu avec le marquis de Puylaroque qui leur céda ses droits sur Auvillar, et, en cet endroit, le péage sur la Garonne.

Dans cet échange, les époux d'Alençon ne mentionnèrent pas des réserves sur leurs droits féodaux, d'où les consuls de Corbarieu conclurent qu'ils étaient tous affranchis, ce qui paraît probable.

A partir de cette époque, les principaux seigneurs de Corbarieu furent les marquis de Puylaroque et de Gensac.

Le 19 juin 1672, Messire de Garrisson acheta une portion de la seigneurie de Corbarieu.

En 1684, le 1er octobre, et en 1686, le 6 novembre, le même augmenta encore ses possessions.

Vers la même époque, Messire de Scorbiac devint aussi acquéreur d'une portion de Corbarieu.

Comme nous l'avons déjà dit, les co-seigneurs de Corbarieu étaient en lutte à peu près constante contre leurs vassaux: ceux-ci ne payaient que certaines redevances et pour couper court à bien des procès ou des difficultés sans cesse renaissantes, les co-seigneurs jugèrent prudent d'user de moyens peu coûteux et firent de nombreux contrats emphythéotiques.

Il arriva même, en dernier lieu, que les emphitéotes s'affranchirent en grand nombre; les pauvres seuls eurent cruellement à souffrir de cet état de choses jusqu'à la Révolution française.

Les co-seigneurs de Corbarieu trouvaient que les habitants ne payaient pas assez, ou ne payaient que le fisc royal et les dîmes. Ils s'entendirent; le marquis de Puylaroque, pour mettre un terme à la situation, attaqua la Communauté en dommages-intétêts pour les retards et les pertes occasionnés par les manants dudit lieu; le procès commença en 1723 et n'était pas terminé encore en 1789 (Mémoires des de Vignes).

La Révolution française, d'un souffle puissant et définitivement vengeur, balaya tous les abus et privilèges féodaux; pauvres et riches purent enfin respirer l'air pur et vivifiant de la justice, de l'égalité et de la liberté.

Corbarieu après le décret du 8 octobre 1810

Par décret du 8 octobre 1810, la partie de la commune de Corbarieu située sur la rive gauche du Tarn, fut annexée à la commune de Labastide.

Corbarieu (voir la carte) comprend aujourd'hui 1,301 hectares.

La population est, en 1906, de 423 habitants. On compte 46 maisons, 52 ménages, 155 personnes au village.

Dans l'agglomération, il y a une église catholique et un temple protestant.

L'école publique, fondée en 1818, a été tenue dans des maisons diverses jusqu'en 1897; à cette époque, une école mixte très bien comprise, très coquette, a été bâtie sous l'administration de M. Gasc, maire.

Elle est actuellement dirigée par M. Soulié.

A part les édifices religieux et l'école, il n'y a aucun foyer intellectuel pour la jeunesse; il manque là ce qui fait défaut un peu partout: des bibliothèques, des associations de tir, de gymnastique, etc.

Dans le village, il n'y a aucune industrie; les habitants se livrent en général à la culture des champs.

Certains propriétaires font des cultures industrielles ou maraîchères: asperges, tomates, melons, carottes, etc.; c'est une heureuse initiative.

Les côteaux donnent des raisins de table excellents et des fruits divers qui sont vendus sur le marché de Montauban à des prix rémunérateurs.

Grâce à l'instruction qui se répand de plus en plus, la population trouvera sûrement encore d'autres moyens pour rendre la vie toujours plus douce, toujours plus facile.

COMMUNE DE
Labastide-St-Pierre

CANTON DE GRISOLLES

ARRT DE CASTELSARRASIN

Echelle : 1 à 40000

COMMUNE DE MONTBARTIER

ROUTE DE TOULOUSE A MONTAUBAN PAR GRISOLLES

ANCIEN TERR DE CAMPAYRAC

LAUZARD

SALGEVERT

BARRÈS

COLBARRIEU

BERTHOULY

COPIAC

CALLORY

COMMUNE DE BRESSOLS

COMMUNE DE CAMPSAS

ROUTE DE GRISOLLES A LABASTIDE

Route Vle de Gailhardis

MORTURE

CHAMP DE BATAILLE DU 27 MARS 1592

St PIERRE DÉTRUIT

LAS PLACOS

LA LANDELLE

BAROUILLET

LA BASTIDE

ROUTE DE TOULOUSE Nº 13

LE CHATEAU

LABORIE

DAC

MOULINO PARIS

LES MOULINS

CHATEAU DU CLAUX

ÉGLISE St LIZIÉ

RIVIÈRE DU TARN

COMMUNE DE CORBARRIEU

COMMUNE D'ORGUEIL

ROUTE DE LIVAUR

N

Nota – L'ancien territoire de Labastide touchait aux communes de Campsas et d'Orgueil, il était séparé du territoire de Corbarrieu par le chemin de Grenade à Corbarrieu passant par Callory actuellement route vicinale N°2

TROISIÈME PARTIE

Labastide-Saint-Pierre

Situation

A douze kilomètres au sud de Montauban, sur la rive gauche du Tarn, à deux cents mètres de la rivière aux eaux vert pâle, dans la riante et fertile plaine arrosée par ce cours d'eau navigable; à la base du dernier et bas plateau qui, partant des Pyrénées, vient, en ondulations successives et décroissantes, mourir en cet endroit, est bâti le bourg de Labastide, appelé ville par son fondateur, Alphonse de Poitiers, en 1272. A son origine, elle compta deux feux.

Labastide est la commune la plus grande (2,063 hectares), la plus populeuse après le chef-lieu de canton qui est Grisolles. Sa situation topographique est des plus heureuses. A ce point, le Tarn fait un angle obtus dont un côté va vers le nord, sur Montauban, l'autre vers le sud-est, sur Albi.

Trois grandes routes, d'origine gallo-romaine, traversent le bourg dans son milieu; l'une va de Montauban à Toulouse par Fronton, une autre de Labastide dans la plaine de la Garonne par Grisolles, avec bifurcation sur Dieupentale et Montech. La troisième part de Labastide et va sur Lavaur, en longeant de près le Tarn, le long duquel viennent mourir les derniers côteaux du Bas-Quercy.

Labastide est, en outre, desservi par un vaste réseau de chemins vicinaux et ruraux qui permettent, dans ce pays de plaine, une circulation facile.

La plupart de ces chemins convergent vers le bourg qui a été tracé sur les plans d'Olric de Corbarieu, moine de Grand-Selve, dans le XIIIe siècle (Mémoires des de Vignes).

L'emplacement de la petite cité se compose de vingt-six parallélogrammes séparés par des rues droites et larges, de 5 toises au moins, mais dont la régularité n'a pas été partout respectée des habitants.

A la base du plateau, très bas, où se trouve le bourg, fut bâti le château, vers le milieu du XIe siècle.

Que le château soit en contre-bas du bourg, cela ressemble à une contradiction historique, mais on trouve l'explication dans l'examen réfléchi des lieux.

D'abord, en ce point, les escarpements des rives droite et gauche du Tarn, brusquement adoucies, permettent aux voyageurs d'entrer facilement dans la rivière, et facilement d'en sortir, mais en passant au pied même du manoir, sous la menace des engins de guerre.

Du côté de l'ouest, coule, presque à fleur de terre, une grosse source d'eau vive qui remplissait les larges et profonds fossés qui entouraient le château de trois côtés. (Ils marquent encore.)

Entre le manoir et le Tarn, s'élevait une haute et vaste terrasse de 55 toises de long sur 30 de large, bordée de briques cuites, qui existe encore, mais plus petite, car on en a démoli une partie dans laquelle il y avait une porte secrète sortant de la terrasse et donnant dans le cours d'eau.

Quand le pont-levis était levé, le château était inabordable.

Les guetteurs qui étaient sur la terrasse pouvaient jeter leurs yeux à plusieurs kilomètres en aval et en amont pour surveiller les bateliers qui passaient nuit et jour dans la rivière, portant, dans des barques plates et légères, toutes sortes de marchandises.

Quand les marchands arrivaient devant le château, ils devaient s'arrêter et payer les redevances exigées, sans quoi les marchandises étaient confisquées par la force.

Le château de Labastide devait son importance aux revenus que lui procuraient le péage du Tarn et aux rapines qu'il pouvait faire sur les nombreux marchands qui suivaient cette voie, comme étant la plus facile, la plus pratique de Bordeaux à Alby.

Les seigneurs de Labastide

Les premiers seigneurs de Labastide furent les Curvorivo.

Les coutumes de Labastide sont probablement

les mêmes que celles des autres Bastides du Languedoc, octroyées par Alphonse de Poitiers.

Voici quelques articles les plus importants qui regardent en outre la commune de Corbarieu:

Alfonsus, filius regis Francorum, comes Pictavensis et Tholose, universis presentes litteras inspecturis, salutem in Domine.	Alfonse, fils du roi de France, comte de Poitiers et de Toulouse, à tous ceux qui verront ces présentes lettres, salut en Notre Seigneur.

Les habitants et leurs successeurs pourront vendre, donner et aliéner tous leurs biens meubles et immeubles à qui et au profit de qui ils voudront.

Ils ne pourront cependant aliéner leurs immeubles à une église, à un couvent, à un ordre de chevalerie; en tout cas aucun préjudice ne doit être causé à nous ou aux autres seigneurs dont relèvent les biens, et il doit, autant que possible, être réparé dans l'année, si les biens aliénés ne relevaient plus du même suzerain.

Les habitants pourront marier librement leurs filles où ils voudront et engager leurs fils dans la cléricature.

Nous et notre baile respecterons la liberté individuelle de chaque habitant, nous ne lui ferons point de violence et nous ne saisirons point ses biens à condition cependant qu'il se teinne bien et suffisamment dans son droit.

Les habitants auront, sous la réserve de notre droit, la faculté d'acheter, de recevoir à cens ou à titre de don de toute personne libre pouvant et voulant vendre ou donner ses biens immobiliers.

On ne pourra acheter ou recevoir un fief franc-alleu, ou militaire, et des censives, sans la permission de nous, ou de nos successeurs, ou des autres seigneurs. (*Clause retrictive et regrettable.*)

Quant aux personnes nobles, on se conformera, pour elles aux usages précédemment observés.

De toute pièce de terre labourable ou propre à bâtir de quatre brasses de largeur et vingt brasses de longueur, contigüe au mur de la ville, nous aurons 12 deniers de monnaie courante, comme droit de cens et ainsi en proportion; nous aurons la même somme pour droit de relief au changement de propriétaire.

Si la pièce de terre est vendue, nous aurons de l'acheteur, comme droit de vente, le douzième du prix auquel est consentie la vente.

Si les droits de cens ou d'oublie ne nous étaient pas payés aux termes ordinaires, nous prendrons cinq sous de gage en plus des oublies susdites.

Les consuls sont renouvelés tous les ans à la fête de la ville (en août).

Notre sénéchal ou notre baile, après avoir pris l'avis des notables, doit choisir et instituer les consuls; il choisira ceux qu'il jugera, de bonne foi, les meilleurs pour le bien de la ville.

Les consuls jureront à notre sénéchal ou au baile et au peuple qu'ils se conduiront loyalement et fidèlement, qu'ils exerceront fidèlement le consulat selon leur pouvoir et ne recevront récompense de personne en raison de leurs fonctions.

Les consuls ont le pouvoir de faire réparer les chemins, les voies publiques, les ponts et les fontaines; à cet effet, ils pourront, avec l'assentiment de douze habitants choisis par l'assemblée du peuple, lever, au sou la livre, les frais de dépense pour ces différentes réparations.

Quiconque en aura traîné un autre, ou l'aura frappé avec le poing, la main ou le pied, et cela méchamment, avec une épée, un bâton, une pierre ou une tuile ou autrement, s'il n'y a pas effusion de sang, et s'il y a plainte, nous paiera cinq sous de monnaie courante pour l'amende.

S'il y a effusion de sang et s'il y a plainte, le coupable nous paiera soixante sous d'amende.

S'il y a perte d'un membre, le coupable nous paiera 20 livres tournois.

S'il y a homicide et condamnation par notre sénéchal en notre cour, que tous les biens du coupable nous soient acquis.

S'il y a injures ou invectives et que plainte en soit portée à notre baile, celui-ci pourra appliquer jusqu'à douze sous d'amende.

Les adultères, s'ils sont pris en flagrant délit, ou s'ils sont reconnus coupables de ce délit par le témoignage d'hommes dignes de foi, un accusateur se présentant sur ce chef et soutenant légitimement son accusation, ou s'ils se reconnaissent coupables en justice, devront courir, nus, à travers la ville, ou nous payer, chacun, cent sous tournois, à leur choix.

Si un bœuf, une vache ou une bête de somme entre dans des jardins, vignes, prairies appartenant à autrui, le propriétaire de la bête paiera six deniers de monnaie courante; pour un porc ou une truie, il paiera trois deniers; pour deux brebis, chèvres, boucs, le propriétaire paiera un denier.

Les fours de la ville seront nôtres; par vingt pains à cuire, nous aurons le vingtième.

En témoignage de toutes ces dispositions, nous avons fait sceller ces lettres de notre sceau; notre droit étant réservé comme il est dit, en toutes choses, et le droit d'autrui l'étant également.

Ces réserves étaient autant de restrictions qui devaient maintenir les vassaux sous l'autorité seigneuriale dans les cas les plus nombreux.

Nos autem, Johanna Tholosæ, ac Pictavensis comitissa, dictam concessionem factam per carissimum dominum nostrum, comite supradictum, virum nostrum, approbamus, volumus et laudamus, spontanea non coacta et sigillum nostrum una cum sigillo domini nostri comitis supradicti presentibus duximus apponendum.

Datum mense maii, anno Domini 1270.

Nous, Jeanne, comtesse de Toulouse et de Poitiers, approuvons la charte de concessions faite par notre très cher seigneur, le comte susdit, notre époux; nous la voulons et la proclamons spontanément et sans aucune contrainte et faisons apposer sur les présentes lettres notre sceau avec celui de notre seigneur, le comte de Toulouse.

Donné au mois de mai, l'an de N. S., 1270.

Le roi de France donna la majeure partie de La Bastide, en 1317, à Pierre de Galard, grand maître des arbalétriers de France.

A cette époque, Paussanis, co-seigneur de Labastide, possédait la partie qui touchait au territoire de Campsas.

Dans un court voyage qu'il effectua, de Galard qui avait le jugement solide, eut vite compris ce que valait la position du château, sur les bords du Tarn. Il s'empressa de faire prolonger la terrasse par un mur en briques cuites dont on distingue encore les fondements, et le poussa en pointe jusques au bord de l'eau.

Deux portes furent aménagées dans ce mur, l'une pour l'usage des châtelains, l'autre pour celui du personnel de service.

Ce mur fermait complètement l'approche du château du côté du nord. Une autre entrée sur le chemin qui donnait dans le bac était également murée.

Deux belles barques et quatre batelets étaient amarrés à de fortes chaînes qu'on détachait de sur la terrasse elle-même.

De Galard ne passa que quelques jours à Labastide, mais ne perdit pas de temps. Il organisa une compagnie d'arbalétriers pris dans la localité afin de l'avoir à bon marché et surtout prête à se jeter sur l'ennemi qui était n'importe qui, passant dans le Tarn avec des barques chargées de marchandises.

Le second dimanche d'avril, à dix heures du matin, de Galard, suivi d'un sergent et d'un clairon, arriva sur la place de Saint-Pierre, monté sur un superbe cheval caparaçonné de riches étoffes brodées argent et or. Son armure fine et riche brillait au soleil et donnait à sa grande taille un air fort et distingué; son visage était gracieux et énergique.

Il parla à son sergent et le cor sonna le rassemblement.

Les paysannes se mirent à genoux et les hommes se tinrent debout, tête découverte.

« Sergent, dit de Galard, faites approcher les gars qui vous paraîtront les plus aptes à former une compagnie capable de faire quelque chose de bon; il les faut solides et résolus. »

Le sergent promena ses regards sur les hommes et en désigna huit parmi lesquels le plus grand avait 1m82 et le plus petit 1m74.

« Demain, dit de Galard, à six heures du matin, vous serez au château pour recevoir vos armes et les instructions nécessaires pour faire de vous des arbalétriers modèles. »

Il entendit la messe et rentra au château.

Le lundi matin, sept hommes se trouvaient sur la terrasse du château. Lacaze manquait.

Deux cavaliers allèrent le prendre chez lui et le ramenèrent tout en pleurs.

De Galard le regarda avec indignation et envoya prévenir le geôlier Falba.

Celui-ci arriva et demanda des ordres.

« Voilà un gascon grand comme un homme et faible comme une femme. Il faut lui appliquer l'article 6 du règlement. »

Sur le champ, Lacaze fut mis à nu, attaché à une chaîne, et frappé de vingt coups de fouet devant ses camarades ahuris, puis mis au cachot n° 2 pour quinze jours.

Les autres: Taillefer, Barrière, Gaillardis, Lespinet, Penauze, Tournon, Mézemat, reçurent des vêtements neufs, un casque, un bouclier de bois, deux arbalètes, un carquois garni de flèches et une rapière.

Avant de se retirer dans ses appartements, de Galard voulut s'assurer que ces hommes marcheraient bien.

Un mannequin fut placé dans le Tarn en face du bac; de sur la terrasse les soldats le criblèrent de flèches.

— Fort ! dit de Galard, en relevant ses longues moustaches ; ils ont bon bras et bon œil.

— Et même le reste, dit le sergent sans sourciller.

— Possible, dit de Galard en riant aux éclats.

Après l'exercice des arbalètes, vint celui des galets.

Avec des cailloux d'au moins une livre, il fallait atteindre un but au milieu du Tarn.

Dans cet exercice, les résultats furent excellents car certains projectiles atteignirent presque la rive opposée. Chaque pierre qui touchait un homme pouvait le tuer.

Le troisième exercice fut celui des catapultes.

Il fallait qu'un bloc de fer ou de pierre d'au moins 20 kilos tombât au milieu de la rivière ; une barque frappée était fatalement crevée et coulée.

Deux hommes seulement se montrèrent à la hauteur de leur tâche : Tournon et Barrière.

A partir de cette époque, il y eut au château une compagnie plus ou moins nombreuse de soldats pris dans Saint-Pierre. Ils rendirent d'importants services pendant la guerre de cent ans et la Jacquerie. (Mémoires des de Vignes.)

Pierre de Galard, que ses fonctions de chef des arbalétriers empêchaient de rester longtemps au même lieu, ne pouvait faire rendre au château et au pays tous les revenus qu'ils pouvaient donner ; il vendit, en 1336, ses droits seigneuriaux au maréchal de Boucicaut, moyennant cinq cents livres.

La vente fut confirmée par le roi. La région vendue comprenait Grisolles, Campsas, Fabas, Labastide, etc.

Sur cette somme de cinq cents livres, Campsas en payait 38 et Labastide 17.

Le maréchal de Boucicaut ne garda son acquisition que jusqu'en 1344.

Le désordre, en ce temps où commence la guerre de cent ans, était partout. Le roi et les seigneurs connaissaient fort peu leurs devoirs ou dans tous les cas les remplissaient fort mal. Les chemins et les champs cultivés étaient remplis de pillards étrangers ou de maraudeurs du pays même. L'argent était d'une grande rareté.

Bourcicaut vendit Labastide à de Montlezun, seigneur de Moulis.

Quelques années après son achat, Montlezun eut à soutenir des luttes terribles contre la révolte de ses tenanciers.

La Jacquerie sévissait partout; la famine fit périr la moitié de la population.

Les Bastidiens mangeaient des racines, du gland et toutes les bêtes sauvages qu'ils pouvaient prendre. Malgré la défense du châtelain, ils ravagèrent plusieurs fois les châtaigneraies de Barouillet et plus de cinquante pauvres diables firent connaissance avec les prisons du manoir.

La faim, qui donne du courage, arma les bras des Saint-Pierrois; ils firent leur devoir contre l'Anglais.

Tous les chariots isolés ou peu escortés qui passèrent sur la route de Lavaur furent arrêtés par les arbalétriers de Saint-Pierre et conduits au château.

Tous les samedis, une distribution de vivres était faite aux soldats et à leurs familles.

Pendant le temps que dura la Jacquerie et l'invasion anglaise, ce fut le meilleur moyen, pour le château, de soulager les misères du peuple, puis de conserver son prestige et sa puissance.

Les arbalétriers de Labastide devinrent plus tard des arquebusiers, puis des mousquetaires; mais, quelle que fût leur dénomination, ils étaient les défenseurs du château, les exécuteurs des ordres des châtelains; souvent aussi ils furent des coupe-jarrets et des geôliers.

De Montlezun garda Labastide jusqu'en 1377, époque à laquelle il vendit la moitié de ses droits à de Guillemy, seigneur de Lamothe.

De Guillemy, à son tour, vendit la moitié de ses droits seigneuriaux de Labastide à Bertrand de Terride, seigneur de Corbarieu, de Bressols, du Claux, de Campsas, etc.

En 1413, le baron de Terride consentit au mariage de sa nièce, Marie d'Angilbaud, avec Arnaud de Vignes, plus tard marquis de Puylaroque.

Les nouveaux époux reçurent en dot les deux tiers de la seigneurie de Corbarieu et la moitié du fief de Labastide .

Au milieu du XVe siècle, il y avait donc plusieurs co-seigneurs de Labastide, savoir: le marquis de Puylaroque pour une moitié avec le château qu'il fit agrandir et fortifier; Jean de Montlezun pour un huitième; Jehan de Lescure, Seigneur de Fontanas, pour un autre huitième; (La section C du cadastre communal porte son nom); de Guillemy pour un quart.

En 1504, le 17 septembre, le marquis de Puylaroque acheta les biens de Guillemy et de Montlezun; en 1520 les biens de Lescure; il fut alors le seul bénéficiaire de la seigneurie de Labastide-Saint-Pierre.

La fortune des marquis de Puylaroque devint considérable dans le pays, et les actes passés en 1524 l'accrurent encore.

En effet, à cette date, le duc d'Alençon et son épouse, Marguerite, sœur de François I, cédèrent tous leurs droits seigneuriaux sur Corbarieu, Labastide, Villebrumier, au marquis de Puylaroque en échange des droits de ce dernier sur Auvillar et du péage sur la Garonne en cet endroit.

Le marquis de Puylaroque fut alors le seul administrateur, le seul maître de Labastide; il était donc comme il est dit dans le terrier de la commune, seigneur haut, moyen et bas; il était appelé à rendre seul la justice sauf appel devant le sénéchal du roi à Toulouse.

Il prélevait les redevances et les amendes n'ayant de comptes à rendre qu'aux agents du roi et à l'Evêque de Montauban pour ce qui regardait les revenus et l'administration ecclésiastiques.

Quelques terriens de Labastide étaient propriétaires des fonds qu'ils faisaient valoir, mais ils avaient à payer des redevances souvent arbitraires, à des titres divers, qu'on dénommait: les censives, (*argent donné par le propriétaire d'un fonds en rapport avec sa valeur*) les acaptes (*droit perçu sur les ventes à raison de un douzième de la valeur de l'objet vendu*) les arrières acaptes (*droits de mutation*), la capitation (*impôt par tête ou côte personnelle*), les oublies (*sorte de rentes prises en nature le plus souvent*); les bans des vendanges, des moissons, et des battages (*impôt à payer pour ramasser les récoltes et les porter au domicile du propriétaire à la date fixée par le seigneur*); l'alberque (*droit à payer pour être dispensé de battre les récoltes au sol du seigneur*); la dîme (*impôt en nature payé au clergé*); les corvées pour l'entretien des chemins, les droits de colombier et de garenne; les produits du four banal (*un pain sur vingt*); les produits de la forge banale; etc.

Les moulins de Corbarieu furent construits après les premières croisades, vers la fin du XIIe siècle ou au commencement du XIIIe siècle; dans tous les cas, avant 1265, puisque, à cette date, il est dit dans la charte: « *E lo senhor del* « *moli fasso lo blat molre a be e a fe, e naio lo* « *setze de blat e de la farina del cestier doas pa-* « *las; e es devers que tug li home del castel ni del* « *apartenemen de Corbariu ni de la honor devon* « *anar molre es molis e en las aigas dels digs sen-* « *hor si los molis so abundans e podo tot molre,* « *aissi com solre escrit es.* » Les moulins ont été agrandis en trois reprises différentes. La première construction fut creusée dans le talus et tournée en une voûte magnifique qui existe intacte; il y avait deux paires de meules; la seconde fut bâtie sur pilotis et s'écroula quelque temps après; sur ces ruines on rebâtit encore et l'on porta les murs sur la place qu'ils occupent actuellement.

En l'année 1905, on a fini la chaussée nouvelle et percé un pertuis dans le moulin pour permettre de faire à la chaussée, plus facilement, les réparations qu'elle demandera à l'avenir.

Les propriétaires actuels de ces moulins sont M.M. Capéran, Cholet et Rivayrol de Montauban; ils y ont installé une belle minoterie à cylindres, des moteurs pour fournir l'éclairage électrique aux localités voisines qui en ont fait la demande. Les locaux qui dépendent du moulin sont très vastes; la force que peuvent donner les eaux du Tarn est immense, aussi croyons-nous pouvoir dire qu'on pourra créer là des usines pouvant occuper un grand nombre d'ouvriers et augmenter la fortune du pays.

Les Guerres de Religion

Montauban devint une ville de sûreté des Protestants; ce voisinage fit le malheur des villages environnants en général, et de Labastide en particulier.

Notre histoire se précise ici et devient émouvante.

Les luttes religieuses commencèrent sous le règne d'Henri II, enfantèrent le plus monstrueux des crimes, la Saint-Barthélémy dans la nuit du 24 au 25 août 1572, sous Charles IX. Elles finirent peu après à la chute de La Rochelle qui eut lieu en 1628.

Avant la Saint-Barthélémy les intrigues politiques jetaient le désordre à la cour du roi; Catholiques et Protestants étaient également désireux d'établir leur domination. Les trahisons, les assassinats se faisaient au grand jour; les plus honnêtes gens n'étaient pas à l'abri dans leurs demeures.

Le chancelier Michel de l'Hopital, homme aussi sage que distingué, donnait des conseils de modération à la reine-mère; ils n'étaient pas écoutés.

Aux grands de la cour, à Guise, à Coligny, au roi lui-même il répétait ces mots: songeons à notre tranquillité, à notre bonheur ici-bas; laissons ces mots *diaboliques* de huguenots et de papistes qui nous troublent et nous divisent. Ne soyons que de bons Français.

Il ne fut point écouté parce que dans le domaine religieux, quand la raison ploie et s'affaisse, le fanatisme aveugle grandit vite et de ses bras hideux étouffe les sentiments les plus nobles, les aspirations idéales les plus légitimes.

Les éléments de discorde que l'on croyait avoir tués dans la nuit du 24 août 1572 ne firent qu'exaspérer les fils, les parents, les amis des victimes; dans chaque village on compta quelques défenseurs de la liberté de conscience; Corbarieu en eut un grand nombre; Labastide n'en compta pas; le château tout puissant était royaliste et orthodoxe; il sut imposer silence à tout le monde et écarter des doctrines nouvelles qui auraient pu lui être nuisibles.

Durant les guerres de religion, le château de Labastide continua de s'enrichir avec les droits qu'il exigeait des marchands qui suivaient la route de Montauban à Toulouse, très fréquentée à cette époque, et surtout par les droits exigés des marchands suivant la rivière du Tarn. Ce cours d'eau rendait d'immenses services aux

Montalbanais parce qu'il leur permettait d'introduire plus facilement des vivres dans la ville que par toute autre voie.

Tantôt le manoir laissait passer les barques chargées, tantôt il les saisissait.

Pendant la nuit on voyait, fort souvent, d'immenses torches brûler sur la terrasse pour permettre de surveiller la navigation.

Il arrivait aussi que, malgré tout, les barques glissaient sans être vues en passant au pied du château, dans le silence des ténèbres et du brouillard.

Les protestants ainsi traités, spoliés, battus par le château invulnérable de Labastide, avaient conçu contre lui et contre les Bastidens une haine implacable. Cette haine, amassée depuis un demi-siècle, se montra enfin dans toute son horreur.

Pillage et Incendie de Saint-Pierre

Le vingt-cinq mars mil cinq cent quatre-vingt douze, au lever de l'aurore, les cors retentirent dans les rues de Montauban, des soldats en armes partaient en campagne .

La matinée était fraîche, un doux zéphir faisait gonfler les bourgeons naissants; les oiseaux se poursuivaient dans les aubépines en chantant, les moissons verdoyaient dans les champs.

Tout était douceur, calme et repos.

Les soldats commandés par leurs officiers et suivis de chariots avaient pris le chemin de Lamole, et au lever du soleil, la troupe arrivait à la route allant sur Lavaur par Labastide.

Les chefs commandent la halte, les soldats posent leurs arquebuses à terre, fouillent dans leurs sacs et déjeunent.

La gaîté était sur tous les visages; un soleil radieux éclairait ce tableau animé de la bruyante joie qui donne tant de charme à nos vingt ans!

Pendant le déjeuner, les chefs s'étaient parlé bas; ils avaient discuté pour savoir s'il fallait prendre la route de Lavaur, par Bressols, ou continuer vers l'ouest, et de revenir par Labastide où l'on tenterait un coup de main.

Les soldats avaient examiné les physionomies de leurs chefs pendant la halte, ils les avaient jugées plutôt sombres. Quel était donc ce présage?

Plus de chants pour donner de l'entrain; le bruit seul des chariots troublait le silence de la plaine.

Pourquoi cette humeur chagrine?....

C'est qu'on apprit enfin qu'on allait au pillage, et que, au nom du droit de la guerre, on allait voler; au nom de la morale évangélique qui défend la violence et l'injustice, des soldats, excités par les pasions religieuses, allaient égorger des voisins, des parents, des amis!

La troupe arriva de bon matin au pied de Campsas, elle chargea ses arquebuses et ses mousquets, prit les ordres et divisée en deux colonnes, se prépara à l'assaut de la ville qui était entourée de murailles.

Une colonne précédée d'un canon se porta devant la porte du nord; l'autre vers la porte du sud qui était bien gardée.

Les Caussanis qui ne se doutaient de rien furent appelés par le tocsin et se rendirent en masse, saisirent leurs armes et firent feu sur les assaillants. Beaucoup de protestants furent tués ou blessés, car les Caussanis, qui défendaient leurs personnes et leurs foyers, visaient juste et frappaient fort; leur courage fut admirable et ils auraient même réussi à repousser l'assaut si le cannonier qui frappa la porte du nord avait été moins habile.

Le premier boulet porta sur le pilastre qui soutenait la porte; le canon fut de nouveau pointé et le second boulet arracha le gond et la penture qui tenaient la porte dans le haut. La porte s'inclina en dedans. Un autre coup de canon arracha une deuxième penture et la porte menaça de tomber sur les hommes qui l'étayaient avec des poutres.

Le canon eut raison de leurs efforts et les Montalbanais entrèrent dans la ville vers les quatre heures du soir .

Les Caussanis vaincus s'enfuirent en grand nombre, mais beaucoup d'hommes, de femmes et d'enfants gisaient dans la place, dans les rues qui étaient des ruisseaux de sang.

Pendant le combat, une estafette apporta une lettre de Messire de Séguier, au seigneur de Labastide, pour lui demander du secours, lui annonçant qu'une capitulation était inévitable si les Bastidens n'arrivaient au pas de course.

La cloche de Saint-Pierre sonna à toute volée, et les habitants allèrent au château prendre les armes. Tout cela demanda du temps et les secours n'arrivèrent que trop tard.

Certains Caussanis s'enfuirent sur Fabas, mais la plupart se dirigèrent sur Labastide où ils comptaient être à l'abri dans le château et prendre leur revanche avec les Bastidens.

Les protestants pillèrent la ville, chargèrent leurs chariots de butin et des soldats les escortèrent jusqu'à Montauban.

Les autres restèrent dans Campsas jusqu'au 27 au matin et descendirent avec un canon vers Labastide.

La ville de Campsas ne se releva pas de ce désastre. Des familles entières périrent.

Plus tard, les murs de la ville furent démolis; le château restauré tant bien que mal fut rasé par la Révolution; les fossés qui l'entouraient existent encore en partie à l'état de mare communale et la jolie petite ville n'est plus aujourd'hui qu'un modeste village.

A Saint-Pierre

Les Bastidens, aidés des Caussanis, se portèrent au-devant des protestants et essayèrent de les arrêter au ruisseau du Coural; ils se battirent comme des lions. Les protestants furent un moment sur le point de reculer; un de leurs canons fut précipité dans le ruisseau d'où ils ne purent le retirer.

Vers les deux heures du soir, les Bastidens fléchirent et se portèrent dans un bois, derrière la maison de François Coural. La mêlée fut affreuse. La maison, le bois, les vignes étaient remplis de cadavres. Messire de Labastide qui avait eu son cheval tué entre ses jambes, recula à pied vers le château, suivi de ses hommes qui battaient lentement en retraite et la rage au cœur vers le village de Saint-Pierre.

Les Montalbanais, maîtres du terrain, se portèrent sur Saint-Pierre qui fut vaillamment défendu; femmes et enfants payèrent de leur personne et aussi de leur vie.

Comme Campsas, Saint-Pierre fut pillé et livré aux flammes.

Des chariots chargés de butin franchirent le Rieutord à Callory, et escortés des protestants rentrèrent à Montauban dans la journée du vingt-huit mars.

Saint-Pierre avait vécu.

Les Bastidens survivants se rendirent au château où une défense vigoureuse avait été organisée. La prudence des protestants qui connaissaient la force de cette place leur avait inspiré la pensée de l'éviter pour cette fois.

Le soir de la bataille, à la tombée de la nuit, au milieu des bois et des ténèbres qu'éclairaient les lueurs sinistres de l'incendie de Saint-Pierre, on voyait aller et venir des torches lugubres cherchant, dans la brousse, qui un mari, qui un père, qui un frère; c'étaient des femmes en pleurs, errant au hasard à la découverte de ceux qui n'étaient pas revenus.

Dans les fossés, aux pieds des chênes, on trouvait des morts, des mourants; souvent ce n'étaient pas ceux que l'on cherchait et les agonisants rendaient le dernier soupir sans recevoir un secours, sans entendre une parole amie.

Toutes les femmes, tous les hommes de Labastide qui restaient firent leur devoir même envers leurs ennemis. Les morts furent ramassés et portés à la maison de Coural, où se trouvaient un grand nombre de victimes qui avaient cherché un abri derrière les murailles.

Plus de deux cents cadavres furent empilés avec leurs habits et leurs armes, recouverts d'une forte couche de terre nommée *la tucque.*

En 1884, M. Georges Sancé a fait démolir ce tumulus dont il ne connaissait ni l'origine, ni l'importance. On y a trouvé des ossements, des débris d'arquebuse, des débris de lance (des lances de cette époque étaient encore à la mairie de Labastide, il y a peu de temps).

Les cendres de ces héros ont été répandues un peu partout.

Jusqu'ici aucune main pieuse n'a songé à indiquer, par une simple pierre, l'endroit où elles reposaient.

Une Héroïne

(LÉGENDE)

Parmi tant de nobles femmes qui parcoururent en tremblant, la mort devant les yeux, la mort dans l'âme, le champ de bataille que depuis on appelle « *Morture. Champs des morts.* » (Voir la carte, confirmé par la matrice cadastrale), une jeune fille mérite d'être signalée.

Georgette Arbeau avait un grand cœur et un bon sens bien au-dessus de son âge.

Toute jeune, elle aidait sa mère dans les soins du ménage, et le soir, quand le père Arbeau et son fils rentraient des champs ou de voyage, ils trouvaient leurs sabots remplis de paille fraîche qui chauffaient devant l'âtre.

Le frère adorait sa petite sœur. Le père Arbeau, qui avait toujours un air bourru, ne pouvait cependant regarder sa fillette sans un certain attendrissement qu'il se serait reproché de laisser voir. Qu'aurait-on dit d'une âme si pusillanime ?

Ses enfants lui donnaient d'ailleurs toutes les satisfactions. La famille vivait heureuse pour l'époque.

Le garçon avait douze ans, la fille en avait huit.

Le médecin ne connaissait pas la maison.

Le bonheur, hélas ! n'est pas éternel, la santé nous quitte et les joies du monde avec elle.

Georgette tomba très gravement malade.

Les soins lui furent prodigués dans la maison et par les voisins, car tout le monde aimait la douce et bonne Georgette.

Or, une nuit, le père Arbeau ne se coucha pas ; si sa fille mourait, ce serait dans ses bras et dans ceux de sa mère.

L'enfant respirait à peine. La consternation était peinte sur tous les visages tant la candeur d'une tête d'enfant inspire de la pitié et de la tendresse.

Arbeau, les mains tordues par la douleur, les yeux fixés sur Georgette mourante, ressemblait à une statue de marbre.

Tout-à-coup, les yeux de l'enfant s'ouvrirent, et d'une voix à peine intelligible, elle prononça ces mots magiques : « Papa, maman ! »

Arbeau s'approcha de la petite, tremblant

d'émotion, lui prit délicatement la main, lui demanda ce qu'elle désirait. « Prends-moi sur tes genoux, dit-elle, et donne-moi à boire. »

Arbeau prit aussitôt une écuelle de bois contenant un peu de lait chaud et la lui présenta. Georgette en prit quelques gorgées, poussa un profond soupir, puis passa un de ses bras autour du cou de son père et lui donna un baiser en disant: « Je suis mieux! » Dans ce moment d'affection filiale et de tendresse paternelle, le rude Arbeau n'y tint plus!

Ceux qui croyaient cet homme insensible à la douleur virent sur sa barbe tomber des larmes aussi grosses que les gouttes de rosée suspendues aux feuilles naissantes des arbres dans une belle matinée de mai.

La convalescence fut longue, mais enfin la vie et la joie rentrèrent dans le foyer.

Huit ans après, la mort sépara pour toujours ces braves gens, et cela sur les champs de bataille au nom du Dieu de bonté, de justice et de miséricorde!

Donc, dans la journée du 27 mars, dans les terres que nous nommons depuis *Morture*, où périrent Tournou, Mesemat, Bonnafous, Coural, Barrière, Moulis, Massot, Boissières, Soulassol, Izarn, Gautié, et une foule d'autres, le père de Georgette trouva aussi la mort.

La nuit tombait. Les femmes étaient en larmes, dans une prostration terrifiante, immobiles. (Il faut dire aussi que certaines étaient tombées à côté de leurs époux.)

Georgette, plus avisée que d'autres, s'écria: « Mais au lieu de nous lamenter inutilement, allons donc voir si nous pouvons sauver quelques malheureux, soulager quelques souffrances. Viens-tu, Jeanne Bédel, et toi Louise Malbrel? »

Beaucoup de femmes enhardies par un tel exemple de force et de vertu surmontèrent leur répugnance et firent leur devoir généreusement.

Georgette prit avec elle du linge et deux gourdes: dans l'une il y avait de l'eau-de-vie et dans l'autre de l'eau fraîche.

Elle s'avança tremblante (mais résignée, soutenue par l'amour filial et l'amour fraternel, ces nobles sentiments qui font naître dans la faiblesse d'une femme la force qui en fait une héroïne.

Elle erra quelques moments dans les champs de Morture sans trouver ceux qu'elle cherchait.

Le premier visage qu'elle reconnut fut celui de Jules Crabié; elle s'approcha pour s'assurer qu'elle ne se trompait pas.

Le jeune homme ne soufflait mot dans la crainte qu'un ennemi ne vienne l'achever.

Ouvrant lentement les yeux, il soupira:

« Ah! c'est toi, bonne Georgette; allonge-moi cette jambe cassée; je me meurs! O mon Dieu, quelle triste journée!... »

Il s'évanouit.

Georgette lui allongea la jambe, lui mit un peu de bruyère sous la tête, lui répandit un peu d'eau fraîche sur le front. Le jeune homme reprit connaissance et demanda: « As-tu quelque nouvelle des miens? — Non, je ne connais rien sinon que... et elle n'acheva pas... Pourquoi, en effet, frapper encore sur ce cœur brisé?

Georgette donna quelques gorgées d'eau-de-vie

au blessé et lui dit: « Ayez du courage, je reviendrai bientôt avec du secours et l'on vous portera au château. » Puis elle ajouta: « Avez-vous vu les nôtres? je les cherche et je... » Sa voix qu'elle s'efforçait de rendre calme mourut sur ses lèvres avec un sanglot; ses larmes tombèrent sur les mains du jeune homme qui en frissonna. Il resta un moment sans lui répondre; ses yeux mouillés de pleurs n'y voyaient plus.

Georgette était atterrée et confuse; elle ne savait de quel côté porter ses pas.

Le jeune homme, faisant un effort pour dominer ses souffrances et rappeler ses souvenirs, passa une main fébrile sur son front et dit: « Ton père, Georgette, a terrassé avec sa simple lance un grand nombre d'ennemis, mais il a été tué raide d'un coup d'arquebuse pendant la lutte; quant à ton frère, je le crois grièvement blessé, à cent pas d'ici, du côté du ruisseau. Ces deux hommes ont donné l'exemple du courage pendant le combat; ils ne sont pas tombés loin l'un de l'autre. »

« A bientôt », dit Georgette qui courut dans la direction indiquée.

Jules Crabié ne s'était pas trompé.

Georgette trouva son frère sur le talus d'un fossé, la tête ensanglantée et ne donnant plus signe de vie.

Elle lui prit un bras et le trouva chaud.

« Il n'est donc pas mort », fit-elle avec une petite espérance.

Vite, elle lava ce visage chéri qui, à la fraîcheur de l'eau, eut un léger frisson.

Pour Georgette, les quelques minutes qui s'écoulèrent furent des siècles; elle donna quelques gorgées d'eau-de-vie au blessé qui, petit à petit, reprit l'usage de ses sens.

A la vue de sa tendre sœur, il murmura: « Merci, ô mon Dieu, qui m'envoyez notre ange! »

« Courage, dit Georgette, dans quelques moments tu seras au château, bien soigné et à l'abri du danger. »

« Et pourquoi pas chez nous? » dit Jean.

Georgette ne répondit pas; elle ne voulut pas lui faire savoir qu'il ne restait rien de la maison paternelle, rien du village de Saint-Pierre.

Après avoir donné à son frère tous les soins que sa situation commandait, elle chercha son père et ne tarda pas à le trouver car l'instinct des femmes les guide souvent mieux que tous les calculs, elle se mit à genoux auprès de lui et pria; puis elle se pencha sur son front qu'elle couvrit de baisers et de larmes.

Ce pieux devoir accompli, elle vola vers Labastide et frappa à la conciergerie du château.

(O sainteté de la famille, que de joies tu procures à ceux qui croient et espèrent en toi! et cependant nous voyons de nombreux jeunes gens se soustraire à ses charges par égoïsme ou par corruption, tandis qu'à leur tour quantité de jeunes filles, délaissées souvent pour manque de fortune, vivent du vice et meurent de chagrin, de misère, à côté de l'homme vicieux et insolent qui ne rougit pas de tant de lâcheté. Où allons-nous?...)

Le seigneur, qui avait pris part au combat et

qui connaissait l'étendue du désastre, avait déjà donné des ordres pour recevoir tous les blessés qui se trouvaient sans abri.

Dans cette circonstance, il y eut parmi les enfants de Labastide une solidarité admirable. (Faut-il donc que la mort ou la misère soient à nos portes pour nous rappeler à notre devoir ?)

Le père de Georgette et beaucoup d'autres enfants de Saint-Pierre furent inhumés dans le cimetière communal.

Labastide s'agrandit

Le seigneur de Labastide invita les survivants de Saint-Pierre à rebâtir leurs maisons dans les rectangles en friche de Labastide et ce village acquit sur le champ une réelle importance.

Les portes du manoir s'ouvraient tous les matins pour permettre aux familles d'aller soigner leurs malades.

Georgette, comme les autres femmes du village, alla régulièrement auprès de son frère qui, grâce à des soins très intelligents, se trouva sur pied au bout de deux mois; mais Jean Arbeau et Jules Crabié restèrent parmi les *estropiats*.

Georgette avait une taille bien prise, assez grande, un visage ovale, de magnifiques cheveux blonds; ses yeux bleus étaient pleins d'expression et de candeur; sa démarche et ses manières distinguées inspiraient la sympathie et le respect.

La châtelaine, emprisonnée dans sa fierté, ne parlait pas à tout le monde, cependant elle adressait souvent la parole à Georgette qui finit par acquérir sa confiance et son estime.

Quand Jean eut quitté le château pour s'installer dans sa maison provisoire en planches, la châtelaine dit à Georgette:

« Jeune fille, quand vous voudrez venir me voir, vous n'aurez qu'à dire au concierge que je vous ai demandée. »

Georgette s'inclina respectueusement et promit de ne point oublier toutes les attentions dont son frère et elle avaient été gratifiés.

Conformément aux désirs de la dame, Georgette alla, une fois par semaine, présenter ses respectueux hommages à sa bienfaitrice.

Un jour de dimanche, après vêpres, la châtelaine monta dans son carrosse pour aller voir la comtesse de Lomagne au Claux.

Il y avait déjà quelque temps qu'elle était partie, quand Georgette se présenta à la grille du manoir. Le concierge, qui la considérait comme une familière de la maison, la fit entrer, l'invita à promener dans le parc en attendant l'arrivée de Madame qui ne devait pas tarder à rentrer.

Georgette se promena dans les allées, dans les massifs de verdure, sans que personne songeât plus à elle.

La châtelaine, contrairement à ses habitudes, rentra un peu plus tard que d'ordinaire.

A peine avait-elle pénétré dans la grande allée qu'elle vit passer auprès d'elle Georgette bouleversée.

La jeune fille marcha rapidement sans saluer, et quand elle fut sur le seuil de la porte, elle se retourna, une main tendue et menaçante vers le manoir et s'écria d'une voix qui fit trembler Madame: « Maudit sois-tu, ô vieux château, repaire de bandits! »

Elle s'éloigna rapidement.

La châtelaine ne savait que penser de tout cela: « J'ey cru véritablement que l'esprit ma-« lin avoict pris un corps de femme cependant « que j'en demeurey pamée et marrie. Adé-« laïde ». Elle fit prier Georgette de venir s'expliquer.

Celle-ci refusa de faire la plus petite démarche, ni de donner la plus simple explication...

Que s'était-il passé dans le manoir?

Nul ne l'a su jamais!

Les imprécations lancées par Georgette contre le château de Labastide paraissent bien ridicules. Que pouvait l'indignation d'une pauvre fille contre tant de richesses et de puissance?

« Le péché porte en lui-même son châtiment », a dit Bossuet; cela est juste et les hommes ne sauraient trop y penser.

Ce château, qui avait tour à tour soulagé et opprimé des malheureux, qui avait si souvent fait peser sur les pauvres un joug de fer, vit à son tour sa fortune non seulement menacée, mais détruite.

Les violences des protestants, les souffrances du pauvre monde, firent germer des idées nouvelles; on résolut de se grouper pour se mieux défendre, on abandonna le vieux sol de Saint-Pierre et les ruines utilisables qui restaient servirent à agrandir Labastide qui devint un bourg important et directement sous la protection du château-fort.

Nouvelles Luttes religieuses

Les années s'écoulaient dans des troubles profonds.

Le château et le pays durent continuer leurs luttes contre les protestants, car ceux-ci, pressés par le besoin de se ravitailler, profitaient de l'éloignement momentané des assiégeants et se répandaient dans les campagnes qu'ils ravageaient.

En 1621, ils vinrent mettre le siège devant le château de Labastide. Il se défendit si bien que les Montalbanais furent obligés de rentrer chez eux, honteusement battus. (Considérations portées dans le titre d'érection de la terre de Puylaroque en marquisat).

Louis XIII en personne vint mettre le siège devant Montauban en 1621; il ne put le réduire.

Trois corps d'armée avaient pourtant concentré leurs efforts contre cette place: un par l'ouest, du côté de Piquecos, où était le roi; un par Cahors, sous le commandement du maréchal de Thémines; un autre par le sud, sous les ordres du duc de Mayenne qui, venant de Villemur, passa le Tarn à Villebrumier, dont il s'empara. Longeant la rive droite de la rivière, il attaqua, prit et ruina le château de Reyniès contre lequel il nourrissait une grande haine: « *Vu* « *que le Marquis de Reynies avoist renié la re-* « *ligion de ses pères pour cognoistre et agir* « *avec ceux de la religion prétendue réformée.* » (Archives de Corbarieu.)

Le comte d'Orval, chef des protestants, fit sortir de Corbarieu une compagnie de mousquetaires renforcés de cavalerie et se porta au-devant de Mayenne. La rencontre eut lieu au pied des côteaux de Beaudézert. Les soldats du comte d'Orval étant en trop faible quantité pour combattre en lignes rangées, firent la guerre en se cachant dans les vignes et les bois; ils harcelèrent si bien l'armée de Mayenne que celui-ci ne put dépasser Corbarieu; il attendit dans cette place les renforts que lui amena le maréchal de Thémines.

Bourfranc reprit Corbarieu à Mayenne à qui les protestants firent perdre beaucoup de monde, mais, à leur tour, ils perdirent bien des soldats et quelques officiers distingués, enfants du pays, entre autres Peschels et Darria de Corbarieu; celui-ci, qui n'avait été que blessé, fut amené au château du Claux où il mourut prisonnier.

Pendant le temps que les armées de Mayenne restèrent aux environs de Montauban, elles reçurent des vivres et des munitions envoyés par le seigneur de Labastide qui, en même temps, prêta sa vaillante épée au roi et fit tout pour favoriser le parti catholique. Sa belle conduite (Mémoires de Claude de Vignes) lui mérita les félicitations du maréchal de Thémines, au camp de Corbarieu, le 28 septembre 1622, comme nous l'avons déjà dit. Le seigneur de Labastide reçut en outre la seigneurie de Villebrumier pour le dédommager des pertes qu'il avait dû subir à Corbarieu en faisant démanteler le château pour obéir aux ordres du roi.

Louis XIII voulut faire de nouveaux efforts contre Montauban; le 16 août 1621, il passa en revue, dans la plaine de Saint-Maurice, ses 20,000 hommes qui, le lendemain, s'avancèrent derechef sous les remparts; leurs efforts furent vains.

Le découragement et le désordre étaient dans l'armée royale.

Le roi languissait; de Luynes était malade.

Le 14 octobre, le monarque se décida à lever le siège et il se dirigea, avec son armée, vers Castelneau-d'Estrétefonds pour se rendre à Toulouse. Il s'arrêta quelques moments au château de Labastide et félicita de vive voix le seigneur pour sa belle conduite. (Archives de Puylaroque).

Les Montalbanais, dit Vignaux, furent transportés de *joye* en voyant le roi s'éloigner.

Un auteur contemporain parlant de Montauban et des environs a écrit: « Que si d'un côté « ils ont reçu de la joye pour leur délivrance « vraiment admirable, voicy pour contre-poids « une nouvelle occasion de tristesse procédant « autant de la ruine de leurs biens et maisons « que de voir toute la juridiction, prés, vignes, « champs et chemins couverts et empuantés de « corps morts, moitié ensevelis, moitié nus et à « demi mangés des loups et des chiens; d'autres « languissants, à demi morts, *stropiats* ou mala- « des: leurs huttes à demi brûlées; tellement pes- « tiférées et empunaisiées qu'on n'en pouvait « approcher sans rendre gorge ou tomber en pa- « moison. » (Cité par Le Bret.)

Prise et sac de Labastide

Les guerres de guérillas continuaient toujours. C'étaient des coups de main, des coups d'audace étonnants. Assiégeants et assiégés, tour à tour, faisaient des sorties folles pour prendre des prisonniers qu'on mettait à rançon, qu'on échangeait, ou qu'on gardait comme ôtages.

Des Bastidens, ayant à leur tête Labastide et Girard, allèrent un matin jusqu'à la porte de Villebourbon qu'ils frappèrent insolemment du pommeau de leur épée, et comme pour narguer Montauban, puis, ils avisèrent trois paires de bœufs et une paire d'ânes attelés à des chars pleins de paille et de foin. Ils garrotèrent les charretiers, les hissèrent sur leurs voitures et reprirent tranquillement leur route, conduisant devant eux leur capture.

Une heure après environ, les chars n'étant pas là, on demanda ce qui se passait et l'on apprit le coup de force de Labastide.

Vignaux, piqué de tant d'audace, prit avec lui une compagnie et poursuivit Labastide qu'il atteignit à Brial. Le combat fut terrible. Le cheval de Girard du Claux culbuta celui de Vignaux. Celui-ci tomba blessé à mort; son frère prit le commandement de la troupe qui rentra à Montauban *en si piètre contenance que tout le monde en feust marri* (Léopold de Vignes). Labastide ramena triomphalement son butin.

Montbrun, chef des protestants, avait juré qu'il se vengerait du mal fait par Labastide, à la première occasion; elle se présenta le 12 août 1622; il vint assiéger le château à la tête de deux mille hommes, de deux canons et de deux mortiers; ces pièces furent mises en batterie sur le plateau de Pichinot. La forteresse tint bon de neuf heures du matin à quatre heures du soir; elle aurait même tenu davantage sans un malheureux coup de canon qui emporta les deux jambes du gouverneur.

La garnison composée de milices communales ayant à leur tête Labastide et la noblesse des environs, démoralisée et décimée se rendit. Montbrun entra dans le château, le mit à sac, emporta une énorme quantité de munitions et des provisions de toutes sortes; traita avec Labastide, laissa la liberté aux défenseurs et se retira emportant une somme de soixante mille livres; il passa le Tarn au bac et « *eust tout son monde de l'austre costé jeuste au moment ou le Claux arrivoit à la Mouline avec force soldats et bonne cavalerie.*

Quand le butin de Labastide arriva à Montauban « *il y eust une exploision de joye* » (Vignaux).

Richelieu arriva au ministère en 1624; il s'occupa aussitôt de réduire les protestants et de soumettre la turbulente noblesse. Le grand homme ne réalisa ses desseins qu'en 1628. Et les luttes religieuses duraient toujours, quoique avec moins de violence, car on commençait de comprendre que la religion n'était qu'un prétexte pour se livrer au pillage dont on souffrait cruellement. On rencontrait partout, à toute heure, des rôdeurs armés, soldats ou non, prêts à batailler et à faire de mauvais coups. Les paysans ne dormaient jamais tranquilles; ainsi, le 6 février 1626, Du Claux petit fils de Terride, revenant de Montech, rencontra au Vergnet, Trarieux de Montauban, emmenant des bœufs qu'il avait volés chez Ségala, Latrobe, Brodeur; des vaches prises à Courdy, Laberon, etc. « *Il ne manqua pas de se meler à la feste, c'estoit une belle occasion car les Montalbanais s'en estoient allés prendre du béstail; mais mal leur en prit car ils feurent bastus et eurent trente tués et sept à huit bléssés. Du Claux receut un coup d'espée dans la teste* ». (Le Bret).

Pillage et incendie de Labastide et du château

Les Montalbanais espéraient bien que Richelieu ne prendrait jamais La Rochelle; leur espoir et leur courage étaient savamment entretenus par les prêches des ministres protestants parmi lesquels on peut signaler les plus influent: Tachard, Vignaux, Béraud.

Pour contenir les protestants, le maréchal de Bassompierre avait établi un camp retranché à Montech; de là, il rayonnait dans les environs jusqu'aux portes de Montauban, et pour empêcher les habitants de fournir des vivres aux calvinistes, il ravagea plusieurs fois, systématiquement, la contrée; c'est ainsi que Campsas, Bressols et Labastide eurent à se nourrir de racines ou de légumes récoltés à la hâte pendant près de deux ans.

Bassompierre fut contraint de s'éloigner.

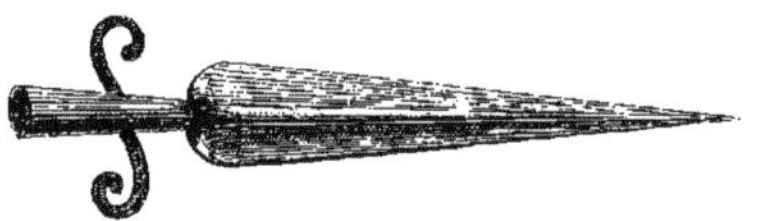

Pique ayant servi dans le combat du Verguet.
Chez M. Brodeur, à Berthouly.

Pique ayant servi dans divers combats à Labastide, principalement à Saint-Pierre, le 27 mars 1592.
Une de ces piques sera déposée par nous au musée des écoles de Labastide.

Saint-Michel, successeur de Montbrun, profita de son départ. A la tête d'une forte troupe, il se dirigea sur Labastide, le 18 juillet 1628.

Des pièces d'artillerie dirigèrent un feu nourri sur le château dont les réparations n'étaient pas achevées.

La garnison, cette fois, se défendit mal. La milice communale était lasse de ces malheureuses luttes.

Le ministre Béraud était là pour encourager les protestants. L'assaut fut conduit avec un entrain endiablé. Les fossés du château furent comblés avec du bois vert coupé dans la garenne et les troupes pénétrèrent dans les cours en brisant les portes à coups de hâche. Par les portes secrètes donnant sur la rivière une foule de Bastidens se sauvèrent.

Le château fut de nouveau pillé et la nuit du 18 juillet fut la dernière de son existence. Les flammes dévorèrent cette puissante forteresse qui s'écroula en partie. Sa ruine fut complète.

Les Bastidens avaient eu le temps depuis 1622 de relever un peu leur village. A cette heure décisive, ils auraient pu parlementer avec les protestants et demander à être traités avec humanité. Au lieu de cela, ils montèrent sur les toits des maisons et jetèrent sur les vainqueurs une grèle de pierres. Ceux-ci se vengèrent cruellement: le bourg fut pillé et incendié. Sur les conseils du ministre Béraud, les protestants furieux se répandirent dans la campagne: « *Le* « *ravage se fist es vignes et vergers, les blads ou* « *dans les aires ou es champs partie bruslés par-* « *tie emportés; toutes les maisons champestres*

« *réduictes en cendres furent les premiers de*
« *notre revanche.* » (Béraud.)

Le terrier de Labastide, que chacun peut consulter, justifie pleinement les affirmations de Béraud; dans une foule d'articles, on lit ceci: « *A déduire pour brûlement de maison ou de* « *grange: tant de livres, tant de sols, tant de* « *deniers.* »

On accorda aux malheureux qui, quinze ans après ces terribles ravages, n'avaient pu trouver l'argent nécessaire pour relever leurs maisons en terre, la remise de leurs impôts; c'était le moins qu'on pouvait faire.

Les protestants firent brûler toutes les maisons et les granges du seigneur de Vignes, non seulement dans la commune, mais dans les environs de Montauban; malgré cela, il fut plus heureux que ses administrés; Louis XIII lui adressa des félicitations, ce qui fut bien, avec cinquante mille francs d'indemnité, ce qui fut mieux. (Sac des de Vignes.)

Le château fut rebâti, le bourg également. Le premier ne revit plus la même puissance ni la même élégance, ce fut une grosse mais simple maison bourgeoise; le second ne se releva que très péniblement. Quelques rares maisons eurent un aspect passable: celles de Vigouroux, des Izarn, de Débézis, de Gourdou, de Massot, etc.

Tant de luttes, tant de ravages avaient détruit la moitié de la population et réduit tout le monde à la plus noire misère. Qui n'a pas lu, dans les ouvrages qui parlent de ces combats fratricides les horreurs qu'ils ont produites, ne peut se faire une idée des souffrances qu'à cette époque a subies l'humanité. Non seulement l'argent était rare, mais le pain aussi. Les cultivateurs ne pouvaient conserver leurs récoltes dans leurs greniers sous peine de se les voir voler par des rôdeurs ennemis, espèce de soldatesque ambulante se prévalant des droits de la guerre, pour piller, pour rançonner, mettre à mort des êtres innocents et sans défense.

Les Bastidens suivirent l'exemple qui avait pris naissance dans les Cévennes; ils bâtirent, à côté de leur principale chambre, éclairée par une porte unique, sauf chez les familles aisées où il y avait en plus une fenêtre garnie de carreaux en papier huilé, un cabinet noir où couchaient les enfants sur de grands sacs remplis de paille; sous ces sacs, il y avait une couche de menus fagots et sous ces fagots se trouvaient des silos, espèces de trous plus ou moins grands en forme de barrique.

L'entrée de ces silos permettait à un homme d'y passer, mais tout juste. C'est dans ces silos parfaitement dissimulés que les paysans mettaient leurs provisions qu'ils retiraient au fur et à mesure de leurs besoins, pendant la nuit.

L'usage de ces silos, les uns bâtis en briques cuites, les autres simplement creusés dans le roc ou dans l'argile sèche, s'est conservé jusqu'après la Révolution française.

Nous avons vu, au lieu de Barrière, dans notre commune, dans la maison du propriétaire qui a donné son nom à la localité, des silos creusés dans l'argile.

La manière de percevoir le impôts, en ces temps-là, était souvent inique; on faisait payer sur les apparences de fortune quelquefois trompeuses; il y avait donc intérêt à bâtir des sortes de cabanes et à cacher aux yeux du public tout ce qu'on pouvait. Hélas, que de nombreuses familles, dans notre pays, n'avaient rien à cacher!

Après les Guerres de Religion

Si les guerres de religion firent beaucoup de mal au point de vue matériel, elles eurent, par contre, au point de vue intellectuel, des résultats heureux.

Les esprits, même dans les campagnes, s'ouvrirent à des vues plus larges, plus tolérantes et libérales.

Le règne intelligent et droit de Henri IV avait provoqué partout le réveil de l'idée nationale et le désir formel de revendiquer le droit de propriété là où il n'était presque pas connu.

La libre possession du sol et la libre culture, moyennant un impôt payé régulièrement, étaient entrés dans les mœurs, chaque paysan voulut connaître son lot et avoir ses titres (Terrier de Labastide).

Henri IV demanda à Olivier de Serres de faire un ouvrage d'agriculture; satisfaction lui fut donnée et le premier traité qui enseigna aux hommes à tirer du sol plus de richesses fut mis à la portée de tous. Les champs se couvrirent de moissons. La France, grâce à la protection des lois qui défendaient de rien prendre aux paysans sans les payer, vit rapidement augmenter sa fortune.

Sully, ce grand ministre du plus grand des rois français, pouvait avec raison répéter souvent cette devise: « *Labourage et pâturage sont* « *les mamelles de la France, les vraies mines et* « *trésors du Pérou.* »

Le Terrier de Labastide — Dimaires ou Cadastres

On pourrait être tenté de croire que les noms des anciens habitants de Labastide se sont perdus dans la nuit des temps; il n'en est rien, et nous allons donner aux lecteurs le moyen de connaître leurs aïeux ou tout au moins les détenteurs des terres qu'ils cultivent: *Berthouly, Léonad, Viguiéry, Copiac, Callory, Rabany, Naudéry*, sont des noms d'origine gallo-romaine (*Histoire des empereurs romains*, Crevier). *Lespinet, Lescure, Vergnet, Coural, Batut, Laborio*, etc., sont des noms d'origine française, on les trouve dans la matrice cadastrale sous la rubrique:*Lieux dits*. Enfin, les noms de *Campayrac, Laplane, Bois-Vieux, Morture*, rappellent des faits ou des situations.

Sous la poussée de l'autorité royale, mais principalement sous celle de l'opinion publique, les seigneurs furent contraints de délimiter les terres et d'établir des titres de propriété qu'on nomme généralement terriers dimaires ou cadastres, la majorité de ces titres remonte au commencement du XVIIe siècle.

Le terrier de Labastide a été confectionné, à la demande des Bastidens, en 1615, par Benoît Crabié, notaire royal du présent lieu: celui de

Campsas vers 1660; celui de Corbarieu est immensément vieux, il est écrit en latin. Cette commune a eu, de tout temps, des consuls pour prendre part à l'administration de la ville et qui ont rempli leur charge avec un soin et une indépendance relative remarquables.

La première matrice cadastrale que chacun peut consulter aux archives de la mairie débute ainsi: « *Allibrement tiré du terrié de Lastide où* « *sont et seront chargés et deschargés tous ceux* « *qui vendront et achapteront ou qui ont vendu* « *sy devant ou bastiront ou démoliront maisons* « *ou granges et seront chargés ou deschargés à* « *raison de quatre cesterées pour les propriétés* « *non bâties et de quatre cannes carrées pour les* « *propriétés bâties.* »

On remarquera que ces mesures correspondent avec les coutumes ou lois d'Alphonse de Poitiers, article 11.

PREMIER LOT. — Messire François de Vignes de Puylaroque, chevalier d'honneur au Parlement de Toulouse, seigneur haut, moyen et bas du présent lieu de Labastide, etc...

DEUXIÈME LOT. — Messire Ignace de Vignes, chevalier de l'ordre de Saint-Jean de Jérusalem, etc...

Suivent les terres désignées.

A partir de cette date, et jusqu'à nos jours, on peut suivre les terres dans leur changement de maîtres, leurs noms étant régulièrement inscrits à suite de mutations (archives de la mairie). La matrice cadastrale de 1636 nous fait connaître que le sol de Labastide était partagé entre

171 propriétaires dont 92 y résidaient, les autres habitaient les communes voisines.

La base des impôts fut portée à 318 livres, 2 sols, 10 deniers.

Nous n'insisterons pas sur les noms des familles anciennes du pays puisque chacun peut les connaître en lisant dans le terrier de Labastide et en prenant connaissance des registres de l'état civil de la mairie, tenus et suivis régulièrement à partir de 1627. Mézamat, curé; Alary et x vicaires.

Toutefois, nous croyons bien faire d'aligner ici les noms des vétérans du pays ne serait-ce que pour éviter des recherches à nos concitoyens et pour leur répéter combien ils peuvent être fiers de voir que certaines familles se sont perpétuées, de père en fils, depuis plus de cinq cents ans jusqu'à nos jours: *Abeilhou, Arbeau, Belloc, Delmas, Donnadieu, Garros, Gautié, Laberon, Lescure, Pimbert, Séguéla.*

QUATRIÈME PARTIE

Situation nouvelle

Les seigneurs de Labastide marquis de Puylaroque

Le terrier établi, les impôts ne furent plus arbitraires. Un peu plus d'aisance se répandit dans les familles qui, tant bien que mal, relevèrent leurs demeures et leur état social. Les pouvoirs des consuls furent confirmés et agrandis.

Le Seigneur de Labastide, sous l'autorité royale représentée par un bayle désigné par le sénéchal du Parlement de Toulouse, en résidence à Montauban ou à Grisolles, et le curé de la paroisse sous l'autorité de l'évêque de Montauban continuèrent de rendre la justice, de percevoir les amendes, de prélever les dîmes et d'administrer leurs assujettis avec une autorité à peu près absolue. Cette administration fut toujours hautaine et âpre, mais sans trop de violence pourtant, car les seigneurs de Labastide n'ont pas laissé dans le pays des souvenirs trop amers.

Les de Vignes possédaient les meilleures terres du pays; ils avaient d'immenses revenus, mais ils n'en faisaient pas profiter leurs concitoyens; ils les faisaient travailler et les payaient en denrées ou en argent, trouvant tout naturel de vivre dans l'opulence à côté de la misère si stoïquement et si pacifiquement acceptée.

Les seigneurs de Labastide furent particulièrement heureux; pour les indemniser de leurs pertes pendant les guerres de religion, pour les récompenser de leur dévouement et de leur fidélité, Charles IX et Louis XIII les comblèrent de richesses; Louis XIV les combla d'honneurs: leur ville et leurs terres de Puylaroque furent élevées au titre de marquisat.

« 11 septembre. Louis, par la grâce de Dieu, « roi de France et de Navare, à tous présents et « à venir salut.

« Comme il est de la grandeur et de la justice « des souverains de faire des grâces qui égalent « les mérites, et d'élever à des titres d'honneur « ceux qui n'ont rien épargné pour l'augmenta- « tion et conservation de leurs états et auxquels « la naissance illustre donne des avantages au- « dessus du commun; ayant mis en considéra- « tion l'ancienne noblesse et les services de la « famille des Vignes en notre pays d'Albigeois « et de Quercy, de laquelle sont issus plusieurs « personnes qui ont sacrifié leurs biens et leurs « vies pour le service de cet état, et notamment « François des Vignes, seigneur de Labastide, « capitaine d'une compagnie de chevau-légers, « en faveur duquel le roi Charles IX, fit don, par « lettres patentes du 2 juillet 1571, de la somme « de dix mille livres, en récompense de ses servi- « ces qu'il aurait continués avec tant d'ardeur

« qu'en l'année 1577 le roi Henri III lui en au-
« rait écrit deux lettres de reconnaissance et lui
« aurait promis de l'en récompenser et dans tou-
« tes les occasions qui se sont présentées, ceux de
« cette famille se sont particulièrement distin-
« gués par leurs héroïques actions: récemment
« deux ont été tués à notre service, l'un en Can-
« die, dans le régiment d'infanterie de Montpe-
« zat, et l'autre en Allemagne, capitaine dans le
« régiment de Champagne, et un troisième a été
« fait chevalier de Malte, et en cette qualité a
« rempli toutes ses obligations en faveur et à la
« gloire de la religion et dans tous les mouve-
« ments qui ont été *glessey* (signifie glissés ou
« tentés) contre nous, ceux de la dite famille ont
« pris et porté pour nous les armes, assisté à
« toutes les convocations qui ont été faites pour
« le ban et l'arrière ban, et nous avons reçu une
« si grande satisfaction de tous leurs services,
« et leur noblesse a été reconnue si ancienne et
« si recommandable par leur sage conduite, que
« nos cousins, les maréchaux de France, ont bien
« voulu commettre et députer le sieur Claude-
« Antoine des Vignes, châtelain de Corbarieu,
« seigneur de Labastide, de Puylaroque, de la
« Salvetat, de Campagnac, Mondoumerh, Bel-
« montet et plusieurs autres lieux, pour connaî-
« tre des différents des gentils-hommes, dans
« l'étendue du diocèse d'Albi dont il s'est acquit-
« té et s'acquitte tous les jours si dignement et
« avec tant de prudence et de sage conduite que
« nous avons estimé ne lui pouvoir donner une
« plus grande marque de satisfaction qu'en dé-
« corant du titre et dignité de marquisat la ter-

« re et seigneurie de Puylaroque relevant de « nous à cause de nos comtés de Quercy et d'Al- « bigeois où il a droit de haute, moyenne et basse « justice, composée d'une ville où il y a foires et « marchés, située en la sénéchaussée de Montau- « ban, et dont la paroisse est d'une si grande « étendue, par sa juridiction, qu'elle porte an- « nuellement 12,000 livres de taille, pour le « moins, en laquelle ville nous avons autrefois « transféré le siège présidial et sénéchal de Mon- « tauban, et les droits seigneuriaux et les re- « venus de la dite terre sont si considérables, « qu'ils peuvent justement en supporter et main- « tenir le titre éminent de marquisat, y ayant « d'ailleurs un château qui mérite que la dite « terre soit honorée de cette dignité; outre que « le dit sieur des Vignes, tant par sa noblesse « et ses bonnes qualités que par les grands biens « qu'il possède, mérite bien aussi de porter la « qualité de marquis; et nous sommes d'autant « plus sollicités de reconnaître son zèle et sa fi- « délité, que son père ayant été assiégé en l'an- « née 1621, dans son château de Labastide, par « ceux de la religion prétendue réformée, il s'y « est défendu avec tant de valeur, qu'ils en au- « raient honteusement levé le siège, dont ils « auraient conçu tant de haine contre lui, qu'ils « auraient pillé et fait brûler les maisons que « le dit sieur des Vignes avait aux environs de « Montauban. En considération de laquelle ac- « tion le feu Roy, notre très honoré seigneur, « lui aurait fait donner en dédommagement la « somme de 50,000 livres; et comme tous ceux de « la dite famille des Vignes n'ont jamais man-

« qué à leur devoir, et qu'ils se sont toujours « signalés dans les actions qu'ils ont entreprises « pour notre service, nous avons estimé qu'il « était raisonnable de donner à la postérité, en « leur faveur, une marque éclatante de notre sou- « venir, pour témoigner la satisfaction parti- « culière que nous avons de leurs services.

« A ces causes, de notre grâce spéciale, pleine « puissance et autorité royale, nous avons la « dite terre et seigneurie de Puylaroque rele- « vant de nous, à cause de nos comtés de Quercy « et d'Albigeois, circonstances et dépendan- « ces d'icelles, créé et érigé, élevé et décoré, « créons et érigeons, élevons et décorons, par ces « présentes, signées de notre main, au titre, nom, « dignité et prééminence de marquisat, pour en « jouir, par le dit sieur Antoine des Vignes, « pour enfants mâles, de loyal mariage, faisant « profession de la religion catholique, apostoli- « que et romaine, au dit nom, titre et dignité de « marquisat de Puylaroque, sis et situé en notre « pays de Quercy, sénéchaussée de Montauban; « voulons et nous plaît que tels ils se puissent « dire, nommer et qualifier en tous actes, tant « en jugement qu'en dehors; qu'ils jouissent de « pareils honneurs, droits d'armes, blasons, au- « torité, prérogatives, prééminences en fait de « guerres, assemblée d'état de noblesse et autre- « ment, tout aussi bien que les autres marquis « de notre royaume et pays du Quercy en jouis- « sent. Voulons, en outre, que si le dit marqui- « sat venait à tomber en la possession de gens « faisant profession de la religion prétendue ré- « formée, il ne s'y pourra faire aucun prêche

« ni exercice de la dite religion, à peine de nulli-
« té des présentes; que tous les vassaux, arrières
« vassaux tenant noblement ou en roture du dit
« marquisat de Puylaroque le reconnaissent
« pour marquis, lui rendent leur foi et hom-
« mage, le cas échéant, sous le nom de marquis
« de Puylaroque, et les officiers exerçant la jus-
« tice en icelui, intitulent leurs sentences et ju-
« gements sous le même nom, sans toutefois au-
« cune mutation et changement de ressort, ni
« contrevenir aux cas royaux dont la justice ap-
« partient à nos baillis et sénéchaux, ni que,
« pour raison de la présente érection et chan-
« gement de titre, le dit sieur des Vignes soit
« tenu envers nous, et ses vassaux et tenanciers
« envers lui, à autres plus grands droits et de-
« niers, si aucuns sont dûs à autres qu'à nous.

« Comme aussi à défaut d'enfant mâles, la
« dite terre retournera dans son premier état
« sans toutefois qu'à défaut d'enfants de loyal
« mariage, nous puissions, ni nos successeurs,
« prétendre la dite terre être unie à notre domai-
« ne en conséquence de la présente érection, ni
« par édit des années 1565 et 1566, et autres
« semblables, à quoi nous avons dérogé et déro-
« geons, par ces présentes, pour ce regard seu-
« lement, si nous donnons en mandement à nos
« amis les procureurs généraux et gens tenant
« notre cour de Parlement de Toulouse, Séné-
« chal de Quercy, au siège de Montauban, ou
« son lieutenant général, que ces présentes ils
« fassent registrer et de leur contenu ils fassent
« jouir le dit sieur des Vignes et ses successeurs
« mâles, de loyal mariage, pleinement, paisible-

« ment et perpétuellement, cessant et faisant « cesser tout trouble ou empêchement contraires « car tel est notre bon plaisir; et afin que ce soit « chose ferme et stable à toujours, nous avons « fait mettre notre scel aux présentes, sauf en « autres choses, notre droit et l'avenir réservé « en toutes.

« Donné à Chambord, au mois de septembre, « l'an de grâce mil six cent quatre-vingt-cinq « et de notre règne le 43e.

« *Signé*: Louis.

« *Visa:* Le Tellier.

« Par le Roi, Phélippeaux. »

Extrait de l' « Armorial général des familles nobles du pays Toulousain (Alphonse Brémont)

Armes. — D'argent, à la vache de gueules paissant sur une terrasse de sinople. — Couronne de marquis. — Supports: deux lions lampassés.

Historique. — Cette famille a été maintenue noble de race par jugement souverain rendu par M. Bazin de Besons, intendant de Languedoc, le 17 septembre 1668. Elle a donné plusieurs chevaliers à l'ordre de Malte.

La terre de Puylaroque a été érigée en marquisat en faveur de Messire Claude-Antoine de Vignes, Seigneur de Labastide, Parizot, Cornusson, Mondoumerc, etc. par lettres patentes données à Chambord le 11 du mois de septembre 1685, enregistrées au Parlement de Toulouse en novembre 1685. Elle a été représentée à l'assemblée de la noblesse tenue en 1789.

DE PUYLAROQUE

Extrait du « Dictionnaire généalogique de la Chesnaie des Bois ». Éd. 1761, t. VI, p. 577.

De Vignes, en Quercy: Ancienne noblesse qui possède des terres considérables dans cette province. Elle a donné de nombreux chevaliers et commandeurs à l'ordre de Malte.

Le possesseur actuel du marquisat de Puylaroque est seigneur de Parizot, Cornusson Mondoumerc, etc; il s'appelle René François de Vignes et fut reçu le 28 février au Parlement de Toulouse ; il n'est pas marié. Son père, Joseph de Vignes, avait été reçu en la même charge de chevalier d'honneur, au même Parlement, le août 1707.

Le marquis actuel de Puylaroque avait quatre frères reçus chevaliers de Malte dont trois sont morts commandeurs. Depuis peu d'années le dernier a quitté la croix pour se marier, il a épousé N. de Montesquiou de Roquefort. Il y a deux enfants de ce mariage, un garçon et une fille. Le marquis leur a fait don en faveur de ce mariage et des enfants qui en sont provenus des terres et baronie de Campagnac et de Labastide situées en Languedoc.

Accroissement de la fortune des seigneurs de Labastide par des mariages avantageux

Le 12 novembre 1648 Claude-Antoine de Vignes épousa Françoise de Lavalette qui lui apporta en dot la plus grande partie de la seigneurie de Parizot; l'autre partie fut achetée à la maison de Lavalette, et Antoine de Vignes en fit le dénombrement devant le bureau des finances de Montauban, le 14 juillet 1689. (*Histoire générale des pairs de France*, par Courcelles.)

En 1689, Marie-Anne de Lagarde de Saignes fille de François II, marquis de Lavalette, épousa Joseph de Vignes de Parizot, marquis de Puylaroque. Par ce mariage les de Vignes déjà seigneurs de Parizot le devinrent aussi de Cornusson et de Ginals.

Les marquis de Puylaroque conservèrent jusqu'à la Révolution le droit qu'ils tenaient des anciennes coutumes du lieu de choisir chaque année les deux consuls devant entrer en charge sur une liste de quatre candidats désignés par les consuls sortants et acceptés par la Communauté réunie à cet effet sur la place de Ginals. (Moulenq.)

François-Régis de Vignes, marquis de Puylaroque, seigneur de Labastide, se maria avec très haute et très puissante dame Marie-Adélaïde-Jacobée-Blanche, comtesse de Bonfontan, chanoinesse du chapitre noble de Largentière; le marquis de Bonfontan, son père, était désigné sous les titres de marquis de Bonfontan, gentilhomme, capitoul de la ville de Toulouse, comte de Pouy, de Touget, Lizac, Labatut et autres places.

Le nouveau marquis de Puylaroque était rarement à Labastide; il avait à remplir les fonctions que lui conféraient ses titres d'inspecteur des places fortes de la contrée et d'arbitre des différends entre la noblesse.

Il avait à surveiller ses administrés, à faire rentrer dans ses caisses les revenus de ses immenses terres.

Il affectionnait d'une façon particulière son château de Labastide.

Un régisseur général, un baile et les deux consuls de la communauté rendaient la justice et faisaient la police au nom du châtelain.

Tout individu condamné purgeait sa peine à la prison du château et remettait l'amende au baile.

Une partie des amendes était livrée aux deux consuls chargés de la répartir entre les pauvres de la localité.

CINQUIÈME PARTIE

LE CLAUX

Le Château

Le château du Claux n'a jamais été un château féodal proprement dit, encore moins une forteresse. Il a été surtout une belle résidence seigneuriale bâtie par les seigneurs de Corbarieu, sur la rive gauche du Tarn, en face du château de Corbarieu dont il était pour ainsi dire une dépendance, un appui, sur la rivière du Tarn, dont nous avons déjà fait connaître l'importance comme voie de navigation et de commerce.

Ce château était situé au milieu d'un grand et magnifique parc planté d'arbres séculaires, bordé à l'est et au sud par le chemin de Grenade à Corbarieu; à l'ouest par le chemin de Montauban à Toulouse; au nord par un ruisseau dit du Vergnet.

Un chemin rural qui existe encore passait entre les dépendances du château et donnait accès à l'église de Saint-Lizier (*Sanctus Lycerius*) fréquentée par les châtelains et les paysans des environs.

Dès le XIIIe siècle, ce château, grâce aux rives boisées et fleuries du Tarn, grâce aux terres fertiles qui l'entouraient au loin, devint la convoitise des puissants barons de Terride, seigneurs de Montech, de Bressols, etc., qui en firent une résidence pleine de luxe, de charmes de toutes sortes.

La pêche sur le Tarn, la chasse dans le parc et les grands bois ou forêt de Campayrac, située à une courte distance, étaient les distractions habituelles des seigneurs de cette époque, quand ils voulaient se reposer des fatigues de la guerre.

Le Claux était le lieu de rendez-vous de toutes la haute noblesse du pays, il a même vu dans ses murs plusieurs rois de France, notamment Henri IV qui a visité Corbarieu et chassé dans les côteaux du Fau durant plusieurs jours.

Les barons de Terride devinrent aussi co-seigneurs de Corbarieu pendant le XIVe siècle, et le château du Claux suivit ou subit en quelque sorte la fortune de Corbarieu.

Des barons de Terride, le Claux passa aux barons d'Agrech et puis au marquis d'Angilbaud, et puis enfin au comte de Lomagne dans le quatorzième siècle.

Pendant les siècles suivants, le Claux resta aux mains de cette famille. En 1541, Jean de Lomagne; en 1580, Antoine de Lomagne; en 1609, dame Marguerite de Lomagne, seigneuresse du Claux, de Bressols, de Campsas et autres places, épousa Louis-Gervais de Laroche, comte de Gensac.

Dans les archives de Campsas, on lit que dame Marguerite de Lomagne, vers 1630, a livré aux habitants de Campsas les terres qu'ils détenaient et qu'elle a confirmé leurs possessions moyennant les contributions consenties, acceptées et inscrites dans le terrier de cette commune.

Ce terrier confirme que les terres de Campsas furent réparties entre 176 propriétaires, grands et petits, tant de Campsas que d'autres lieux tels que Fabas, Labastide, Fronton, Corbarieu, etc.

Le château du Claux fut pris par les protestants de Montauban, en 1622, et fut occupé par eux jusqu'en 1625.

Le duc de Rohan, chef des Calvinistes, qui y venait de temps en temps pour donner des ordres à ses partisans situés sur la rive droite du Tarn, fit enlever tous les objets qui étaient dans l'église de Saint-Lyzier et en fit une grange; il avait du plaisir à y faire coucher ses chevaux.

Quand les nécessités de la guerre le contraignirent à s'éloigner de Montauban, il ordonna qu'on démolît l'église et qu'on démantelât le château; ce qui fut fait.

Les catholiques s'emparèrent de nouveau du Claux, mais ils ne voulurent pas rebâtir l'église dans les dimensions qu'elle avait auparavant. (Elle était bien plus grande que celle d'aujourd'hui).

Dans une aile du château, il y avait une chapelle pour les châtelains dans laquelle donnait accès un large et beau corridor dallé, où le public ne pénétrait point; le peuple campagnard voyait rarement ses maîtres qui, trop souvent, étaient de despotiques oppresseurs.

Il est probable que les paroissiens de Saint-Lyzier nourrissaient contre le clergé et contre les comtes de Lomagne des sentiments de haine que les mœurs de l'époque justifiaient d'ailleurs. Ils restèrent quelque temps sans vouloir contribuer à la réédification de l'église.

Les redevances de toute nature, les corvées, les dîmes mettaient le peuple dans une grande gêne, parfois dans une noire misère.

Le Prieuré de Saint-Lizier

Pendant deux siècles, XIIIe et XIVe, Saint-Lyzier fut un prieuré important.

En effet, on lit dans les archives départementales (Moulenq) qu'en 1274, Bertrand de l'Isle-Jourdain, évêque de Toulouse, transmit Saint-Lyzier à Bernard de Malemort, abbé de Saint-Théodard; qu'en 1300, 15 septembre, un autre évêque de Toulouse, Chapelle-Taillefer, disposa de Saint-Lyzier en faveur du prieuré de Bressols.

Les chroniques ont permis de connaître quelques-uns des prieurs de Saint-Lyzier, savoir: Raymond du Fau, Guillaume d'Astorg, Guy Scotlaura, Armand de Tanlaico, etc.

Les noms de ces moines qui ont vécu sur notre territoire, et tant d'autres qu'on pourrait citer, confirment cette opinion que les cadets des nobles n'ayant pas droit à l'héritage paternel, entraient dans les ordres religieux de gré ou de force afin d'y vivre largement des revenus ecclésiastiques.

Faire entrer de force des hommes, sans vocation, dans les ordres religieux, n'était pas un moyen d'y introduire les vertus qu'il convient de posséder pour bien remplir des fonctions sacerdotales.

Aussi quels exemples ... Quel dégoût pour le peuple!

Les comtes de Lomagne, qui se réinstallèrent au Claux, le trouvèrent en mauvais état; ils demandèrent à leurs paroissiens de rebâtir l'église de Saint-Lyzier. Ceux-ci, qui jouissaient d'une certaine indépendance, grâce aux dispositions de Gaston de Lomagne en faveur des habitants de Corbarieu, invitèrent leurs consuls: Brodeur, Romaniac et Débézis, à s'y opposer.

Les comtes de Lomagne firent appel devant le Parlement de Toulouse qui, le 26 septembre 1647, condamna les habitants à rebâtir leur église; elle fut reconstruite en 1648 et deux vicaires de Bressols furent chargés de la desservir.

Cette église fut bien modeste à partir de cette époque; elle fut même abandonnée un certain temps en 1695; elle redevint paroissiale en 1699 et le resta jusqu'aux approches de la Révolution.

Cette petite église est encore debout et est la propriété de M. Fontanié de Castelsarrasin.

Jusqu'en 1886, le curé Rouquat, de Labastide, est allé la visiter tous les ans, le jour des Rogations.

La fin du Claux

Quand la Révolution éclata, la comtesse de Gensac était encore propriétaire du château, des terres environnantes; de celles qui longeaient la route de Montauban à Toulouse, à droite et à gauche, avec les moulins dits de Corbarieu, jusqu'au ruisseau du Rieutord ou de la Mouline, à l'exception de quelques hectares sur lesquels était établi, avant les guerres de religion, un couvent dit de Sainte-Marie, aujourd'hui appartenant à M. Lescure, Simon.

Elle possédait en outre d'immenses terres dans Bressols; les grands bois de Campayrac et une quantité considérable de parcelles de vignes, de prés, etc.

Les biens de Mme de Gensac passèrent, par mariage, à la comtesse de Montmorency-Laval.

Après la Révolution de 89, ils furent vendus à divers, mais le marquis de Puylaroque, en 1827, acheta la plus grosse portion où se trouvait le Claux.

Comme nous le verrons d'autre part, le marquis de Puylaroque fut exproprié de 1845 à 1852.

A suite d'expropriation, ces terres de première qualité qui donnaient peu donnent actuellement de belles récoltes, parce qu'elles sont entre une foule de petits propriétaires qui savent et peuvent les faire valoir.

Notes

Pendant les guerres de religion, le Claux a reçu et protégé dans ses murs le clergé de Montauban, chassé à plusieurs reprises par les Protestants.

Il a reçu les plus grands personnages de la Cour de Louis XIII.

En 1629, de Guron fut chargé par Richelieu de recevoir au Claux le traité de paix avec les protestants montalbanais; il attendit vainement pendant plusieurs jours.

Enfin les protestants se rendirent à Corbarieu, le château du Claux ne leur donnant pas les garanties qu'ils désiraient pour leur sécurité.

De Guron ne voulut pas, à son tour, aller à Corbarieu; ce fut donc au château de Reyniès que les belligérants se rendirent et la paix fut définitivement assurée. (Moulenq.)

SIXIÈME PARTIE

LA MARTYRE DU GLAUX

(LÉGENDE)

La Paroisse de Copiac

La petite paroisse de Copiac se composait de quelques familles anciennes dont les noms sont restés attachés au sol qu'elles cultivaient, qui passeront ainsi à la postérité, et dont quelques-uns existent encore, défiant les siècles pourtant si destructeurs.

Dans le récit qui va suivre, nous aurons à parler de ces familles plusieurs fois séculaires et nous donnerons leurs noms tels que nous les avons lus dans les écrits qui sont passés sous nos yeux.

On pourrait peut-être s'étonner du petit nombre d'hommes de cette époque que l'on connaît, c'est pourquoi nous devons dire que les plus riches, les gros roturiers seuls, étaient mis en ligne de compte; les bas roturiers comptaient à peine; quant aux pauvres indigents, les plus nombreux, on ne s'occupait d'eux que pour profiter du fruit de leur travail obligatoire. Les hommes d'alors étaient moins bien considérés que les bonnes races de nos chevaux d'aujourd'hui dont on prend, dans des registres spéciaux, les noms du père et de la mère.

Les hommes avaient à peu près tel âge; les femmes celui qu'elles portaient sur leur visage; cela encore pouvait assez bien leur plaire.

L'église était située à côté du cimetière que longeait le chemin de Batut; elle desservait les habitants de Batut, de Callory et d'une portion du territoire de Lauzard.

Elle n'était pas riche, la petite église, et il fallait des curés modestes, bien simples comme l'était le bon de Lezun pour se contenter de douze quarterons de bled, de quelques fagots, de six poules, de douze douzaines d'œufs et d'une pipe et demie de vin.

Le bon prêtre ne passait pas une semaine sans aller s'asseoir au foyer de quelqu'un de ses paroissiens, tantôt chez Copiac, tantôt chez Malbrel, chez Bédel, chez Abeilhou, chez Garios, chez Barres, chez Brodeur ou Laberon.

On le voyait principalement là où il y avait de nombreux enfants qu'il prenait plaisir à caresser et à instruire.

Au bout de peu d'années, il devint l'idole de la population.

De Lezun était riche et donnait aux pauvres; quand la récolte était mauvaise, il disait: « Je demanderai à Dieu d'être plus généreux l'an prochain, et pour cette année permettez-moi de vous être utile en son nom. Je ne veux rien. »

Il arriva un grand malheur dans la famille Barres; la mère, Hélène Gaillardis, mourut jeune, laissant son mari un peu infirme, une fille de douze ans et une de huit.

Angèle, l'aînée, avait une taille et un jugement bien au-dessus de son âge.

Marthe, quoique plus frêle et plus craintive, donnait de bonnes espérances.

Angèle prit la direction du ménage avec un courage et une adresse surprenants, ce qui faisait dire au vieux Barres: « Dieu se montre encore bon pour nous quand il nous prend nos compagnes mais qu'avant il nous donne des filles dignes d'elles! »

« Le temps et mon Angèle m'aideront, je l'espère, à sécher mes pleurs. »

De Lezun apporta sa part de réconfort dans cette maison attristée; il alla plus régulièrement chez Barres.

Deux fois par semaine, le mardi et le vendredi, il arrivait avec un panier, prenait la truble accrochée à un piquet sous le toit, et, avec les enfants se dirigeait vers les grands fossés amenant les eaux de Capayrac dans d'énormes étangs remplis de poissons; les fossés eux-mêmes qui ne tarissaient jamais grâce à la régularité des pluies et des saisons provoquées par les grands bois, r nfermaient des carpes d'un poids très ordinaires de cinq à dix livres.

Le curé ne partait jamais sans que son panier fût plein. La truble était remise en place et le produit de la pêche partagé avec la famille.

Quand Angèle avait le temps, elle ne permettait pas au prêtre de reprendre son panier, elle le lui apportait.

— C'est singulier comme ces étangs ont du poisson, disait M. de Lezun, plus on en prend, plus il y en a.

— Mais, faisait Barres, que diriez vous si vous voyiez tous les pêcheurs qui viennent des environs le dimanche, et qui ne partent jamais sans être entièrement satisfaits.

— Alors, Barres, vous laissez prendre du poisson à qui en désire ?

— Mais oui, répondit Barres, et j'espère que bientôt mon Angèle que vous voyez à l'œuvre, sera assez forte pour pêcher avec sa sœur.

— *Et alors?* interrogea le prêtre.

— Alors, M. de Lezun, nous en donnerons aux pauvres qui en ont besoin et qui n'osent pas en demander.

Il y a des pauvres, Monsieur, et même pas loin de vous, qui préfèreraient mourir de faim que de tendre la main. Ce sont ceux-là qui sont les plus intéressants, nous devons y songer !

— J'ai vu et j'ai agi, père Barres, répondit de Lezun, avec un soupir de tristesse, et il sortit son mouchoir pour essuyer une larme, car son cœur était ému par les misères humaines qu'il soulageait de son mieux.

— Les jours passent vite, sans que nous les comptions, M. de Lezun, dit Barres ; ces enfants grandissent ; il faudra bien un peu s'occuper d'elles, s'il vous plaît, car nous n'avons que vous pour faire leur éducation.

— Oh ! j'espère bien que Dieu ne me reprochera pas d'avoir manqué à mon devoir.

J'instruis tous les enfants de mon mieux et les vôtres, père Barres, ne sont pas en retard !

— C'est juste, dit Barres, Angèle apprend vite, Marthe aussi ; et c'est par manière que je vous disais de vous occuper d'elles.

Angèle sait lire et écrire sans m'avoir dit qui l'a enseignée.

Je l'ai même entendue ces jours derniers fredonner un joli cantique qui m'a remué l'âme.

— Vous aimez donc le chant, Barres ? C'est bien. Je serais heureux de trouver chez tous mes paroissiens un goût si délicat.

Nous verrons ce que nous pourrons faire à ce sujet. Je ne désespère pas de pouvoir vous faire entendre un chœur de jeunes filles, dans notre église de Copiac, le jour de Pâques.

Angèle et Marthe me seconderont, je l'espère.

— Je le veux bien, répondit Barres ; tout ce qui est fait pour le Créateur, en vue d'agrandir et d'élever les sentiments de la créature, mérite encouragement.

Et les interlocuteurs se séparèrent.

Les jeunes filles de Copiac

Sous la direction de M. de Lezun, les jeunes filles rivalisèrent de bonne volonté, et pendant quelques années le pays, triste jusque-là, se transforma.

Les jours de dimanche, l'église de Copiac était trop petite; des environs on accourait en foule et l'on repartait enchanté, louant, dans les champs et les bois, les résultats obtenus par un homme de bien et de talent.

Le bon de Lezun n'en tirait point vanité; tout pour le bonheur des hommes et la gloire de Dieu, disait-il; toutes les jouissances spirituelles que nous procurons à l'humanité sont autant de bienfaits qui ne sont perdus que pour les méchants; les bons en deviendront meilleurs.

Angèle avait un gosier de rossignol et une modestie de violette; on la payait par un aimable sourire, jamais par un lourd compliment.

Ame droite et douce, elle donnait aux autres ce dont la nature l'avait gratifiée; elle prétendait n'avoir aucun mérite. Elle en avait un cependant: la grandeur, la pureté de ses nobles actions qui l'élevait bien au-dessus des âmes communes, égoïstes, vulgaires!

Les jeunes gens ne manquaient pas de faire des vœux pour que celle de leur choix puisse bientôt devenir leur fiancée.

Angèle avait plusieurs prétendants: Ségala, Garios et Romaniac, dit Charlot; c'est ce dernier qui fut agréé.

Charlot était un jeune homme de vingt-cinq ans; grand, droit comme un peuplier; il avait des bras d'hercule, des épaules larges sur lesquelles était plantée une tête brune avec des yeux brillants et résolus. Une longue et fine moustache, naturellement relevée en pointe, garnissait une lèvre mince et quelque peu narquoise. Sa force d'athlète, bien connue dans le pays, en eût fait un jeune homme redoutable, mais son humeur plutôt douce, sa bonté généreuse en faisaient un être si charmant que tous ses pairs se faisaient un honneur de l'avoir pour ami.

Son courage était réputé au loin; ne l'avait-il pas montré, un soir de novembre, chez Malbrel qui, en brûlant des fascines de bruyère, avait mis le feu à la maison.

Dans une chambre de derrière dormait Perrille, âgée de soixante-douze ans, et un peu infirme.

La chambre de devant brûlait en plein, personne n'osait approcher, et le fils de la Perrille pleurait comme un enfant, mais les pleurs ne sauvaient rien.

Pour arriver à la pauvre vieille, il fallait passer dans un brasier d'enfer, car les flammes atteignaient le galetas.

On aurait pu passer par la porte de l'étable, mais elle était fermée en dedans par une poutrelle formant un levier puissant que le diable n'aurait pu faire fléchir.

Charlot trempa sa veste dans une auge en pierre dans laquelle on faisait boire les bestiaux, la mit sur ses épaules toute ruisselante, passa dans cette fournaise ardente avec la vitesse d'un cerf et donna un coup si fort sur la porte que celle-ci céda en craquant et s'ouvrit toute grande.

Il était temps; une épaisse fumée avait envahi la pièce et Perrille ne donnait pas signe de vie.

Charlot la prit dans ses bras, passa par la porte de l'étable qui s'ouvrait facilement en dedans, et sortit en même temps que les bœufs qui, en se débattant, avaient brisé leurs attaches.

Tout était sauvé, sauf la maison réduite en cendres.

Ce trait de force et de dévoûment avait remué bien des cœurs; celui d'Angèle surtout. Les femmes sont très sensibles à tous les genres de prouesse qu'un jeune homme sait accomplir. Si elles étaient moins superficielles, elles accorderaient principalement leur attention à la valeur intellectuelle et morale. Il est vrai de dire, à la louange d'Angèle, que c'était ici le cas; elle avait bien jugé et sa fierté était légitime.

Jacques Barres estimait profondément Charlot, mais il avait un faible pour Ségala qui était bon vigneron.

De temps à autre, quelques gourdes remplies de liqueur montaient sur la table de Jacques qui la dégustait dans des écuelles de bois; cela n'ôtait rien à sa saveur, car il disait en claquant des lèvres:

— Comment trouves-tu ce vin, Angèle?

— Excellent, mon père.

— Et le jeune homme?

— Je n'en sais rien.

— Hum! murmurait Barres, je crains fort que si nous voulons du vin pareil, nous serons obligés de l'acheter!

— Mais, dit Angèle, nos cancés peuvent bien nous suffire!

Pour moi, je n'aime pas les gros vins, les vignes me sont indifférentes.

— Oui, et le vigneron aussi, dit Barres, mais se disant à lui-même: Tout ça s'arrangera, peut-être!

Le premier dimanche de mars, à dix heures du matin, Charlot passa chez Barres pour lui serrer la main avant de se rendre à la messe de Copiac et pour s'assurer que Jacques serait là toute la journée.

Il avait à lui parler.

Angèle se préparait dans la pièce voisine; elle sortit bientôt avec deux larmes dans les yeux. Elle tendit sa main à Charlot qui la prit en tremblant.

Un homme de cœur n'est pas insensible aux chagrins d'une femme.

Pourquoi ce déluge de pleurs! pensa-t-il; n'y avait-il pas assez d'eau comme cela dans le quartier! Il pleuvait à torrents depuis huit jours; les eaux touchaient à la passerelle qui permettait à Barres de franchir le fossé, un vrai ruisseau, oui!

Il n'y eut pas d'explications. On partit pour la messe. Charlot passa le premier, puis Angèle, et enfin Barres; celui-ci, qui était boîteux, posa mal son bâton sur la planche, perdit l'équilibre et tomba dans l'eau où il disparut un moment.

Angèle poussa un cri déchirant!

Charlot se retournant, aperçut la coiffure de Barres accrochée à une aubépine.

« Il doit être là, murmura-t-il tristement. » En effet l'eau était agitée par un être vivant.

Plonger et saisir Jacques par un bras fut l'affaire de quelques secondes. Celui-ci fut porté par Charlot dans sa maison et soigné par ses filles avec tant de dévoûment et de bon sens, qu'au bout d'une heure, quand tout le monde était encore troublé et sombre, il dit en souriant:

« On a un avantage quand on tombe dans l'eau!...

— C'est de ne pas se faire du mal, dit Romaniac.

Cette réflexion naïve dérida tous les fronts.

— Mais ça a un inconvénient tout de même, ajouta-t-il.

— Oui, dit Barres, c'est de boire une liqueur peu réconfortante, et plus qu'à sa soif.

— Elle ne vaut pas celle des gourdes, ajouta Angèle en rougissant, mais sur un ton un peu gouailleur.

— Bien, bien! dit Barres, avec jovialité.

Attention, mes enfants, ajouta-t-il, j'ai quelque chose à vous dire.

Tu es venu souvent, Charlot, et je t'ai toujours convenablement reçu, car tu le mérites; cependant, il ne me convenait pas de rien précipiter...

Un père qui a une fille à placer doit veiller et réfléchir...

— Oui, oui, père Barres, vous avez d'autres idées en tête... Comme il vous plaira... Je respecterai votre volonté en fin de compte.

Angèle frissonna.

— Allons, dit Jacques, après avoir observé sa fille, et d'une voix qu'il rendit toujours plus douce; ton cœur a fait que tu es venu quand même pour mon Angèle; les circonstances ont fait qu'aujourd'hui tu es venu pour moi.

Le doigt de Dieu est là, dit-il, en levant son regard vers le ciel; il faut que nous obéissions tous! il le faut!

Je ne veux pas retarder votre union, à vous autres de décider.

— Merci, dit Romaniac, vous me rendez le plus heureux des hommes. Je tâcherai de faire le bonheur d'Angèle.

— Et vous, père, comptez que vous serez entouré de notre amitié à tous deux et de notre profond respect.

Cette dernière réflexion était bien inutile, car là où l'amitié marche en tête, tous les devoirs suivent et s'accomplissent sans effort.

Ces paroles, prononcées avec une grave sincérité, firent une impression profonde sur Barres qui ne manquait pas d'esprit.

Il y répondit par deux baisers à sa fille. Il prit ensuite les mains d'Angèle et de Charlot, les mit l'une dans l'autre en disant : « Enfants, je vous bénis ! »

Deux grosses larmes scellèrent cette union si longtemps et si purement rêvée.

Les Fiançailles

Quand Charlot rentra chez lui, il fit part à sa famille de l'heureuse nouvelle.

— Tiens ! fit Claire Laberon, Barres a donc changé d'idée ? M'est avis qu'il ne songeait guère à toi. Quant à Angèle, je ne dis pas ; dix mille pipes de vin ne changeraient ni ses goûts ni son cœur.

— Mère, dit Charlot, une conduite honorable peut faire plus dans la vie d'un homme que mille stratagèmes et nombreuses bassesses. Et il conta la terrible aventure de Barres.

— Alors, dit Claire, tu vas nous amener Angèle bientôt ? Je m'en réjouis à l'avance. Oh ! la brave petite !

— Non, mère, je vais chez Barres.

— Quoi ? fit le père, comme s'il avait mal entendu.

— Tout s'arrangera, ajouta Charlot.

On n'a pas toujours la bonne fortune de trouver un ange pareil.

D'ailleurs, le vide ne se fera pas tout entier dans la maison. Marthe ne voudra pas toujours rester chez nous.

— Soit, dit Claire un peu réconfortée ; mais

es-tu sûr que cette jeunesse voudra faire son nid chez nous ?

— Pourquoi pas ? Louis n'est point désagréable, et je veillerai à ce que mon frère n'ait à se plaindre de moi jamais !

— C'est bon, dit Romaniac ; et il alla soigner ses bœufs pour cacher son trouble, car son fils aîné était son vrai bâton de vieillesse. Il l'aimait ! Oh ! Dieu seul savait comme il l'aimait !...

La lune d'avril touchait à son plein ; les fiançailles durent se faire, car, pour rentrer à Latrobe, la nuit, il y avait du danger en passant dans les bois de Campayrac.

Des loups nombreux quittaient la forêt de Montech, traversaient les taillis de Montbartier et venaient faire la chasse aux chevreuils que le seigneur du Claux avait fait multiplier dans la forêt grande de plusieurs centaines d'hectares.

Or, un soir, Charlot et Angèle, vers les cinq heures, étaient occupés à la pêche.

Il faut, avait dit Barres, prendre une carpe de dix livres et la conserver dans le barrage spécial pour le surlendemain, jour du repas des fiançailles.

On tuerait deux poules à cette occasion-là, de l'une on en ferait la soupe, de l'autre une compote comme savaient faire ses filles, tous les ans, à la fête de Pâques.

Soudain, deux cavaliers arrivent ; c'était le seigneur du Claux avec son suzerain, le comte de Lomagne.

Ils venaient de la chasse de Campayrac où ils avaient pris un chevreuil, deux lièvres et un beau marcassin.

Ils voulaient passer chez le seigneur de Labastide pour l'inviter à venir au Claux prendre part à un grand festin.

Le comte de Lomagne, qui n'était plus passé dans ces chemins boueux, persuadé que le baron, son cousin, n'était guère plus sûr que lui, demanda à Charlot s'ils ne se trompaient pas.

— Non, mes seigneurs; marchez droit devant vous, puis prenez à gauche, le chemin de Grenade à Corbarieu; vous serez non loin de Labastide quand vous rejoindrez la route de Montauban à Toulouse.

Vous connaissez sûrement cette voie.

Pendant tout le temps que Romaniac parla, le comte de Lomagne eut les yeux fixés sur Angèle, si bien que celle-ci dut baisser son front deux fois, tant le regard du comte l'avait frappée et même choquée.

Les cavaliers continuèrent leur route seuls, les piqueurs et les meutes étaient rentrés par le chemin de Berthouly.

A quelques toises de distance, le comte se retourna pour revoir encore le profil de la paysanne.

— Non, non!... De ma vie je n'ai vu si jolie créature, dit-il. Isabeau, la belle reine, pâlirait à ses côtés.

Baron, ajouta-t-il, en avez-vous beaucoup, de ces fleurs-là, dans vos domaines?

— Je ne sais, dit le baron avec insouciance, d'ailleurs c'est la première fois que je la vois.

— Mais ce ne sera pas la dernière, je pense, dit Lomagne avec un rire qui frappa le baron.

— Peu m'importe, dit ce dernier, les femmes jolies ou laides, sont toutes les mêmes pour moi.

Lomagne haussa les épaules.

— Parbleu, baron, dit-il, je voudrais bien savoir si toutes les pêches de vos côteaux ont à vos yeux la même couleur et à votre palais la même saveur ?

— Ah ! sans doute, dit le baron, il y a pêches et pêches !

— Comme il y a péchés et péchés, s'exclama Lomagne ; celui-ci est tentant.

— La belle paysanne vous a pris, M. le comte, mais vous ne prendrez pas la paysanne, elle est vertueuse et fière comme on l'est dans mes domaines de Corbarieu. Pensez à autre chose, si vous m'en croyez.

— Quoi, baron, vous n'usez donc pas de vos droits seigneuriaux à la veille d'un mariage ? Nous en usons à Beaumont quand cela nous convient, et j'espère bien qu'en ma qualité de suzerain vous seconderez mes désirs.

— Vous ignorez peut-être, M. le Comte, qu'Alphonse de Poitiers a dit que les paysans de Corbarieu pourraient marier leurs filles librement. Puis les Barres, les Romaniac appartiennent à des familles consulaires et ils connaissent leurs droits. Je reçois donc les dispenses d'usage en argent, jamais en nature.

— Hé bien, dit le comte, avec un rire satanique, car la conscience ne le tourmentait guère, faisons nos plans, et ne manquons pas une telle occasion !

Le jour du mariage approchait.

Toute la jeunesse se préparait pour la fête. Justine Garios portait une robe toute neuve. Delphine Abeilhou, Jeanne Courdy, Noële Copiac avaient fait des achats chacune en proportion de leur fortune.

Les jeunes gens seraient tous là et les danses seraient organisées avec entrain.

On fête les amis comme on les honore, et certes y avait-il quelqu'un de plus honorable que Charlot et Angèle, descendants des notables de Corbarieu, consuls de père en fils !

Le syndic Brodeur avait été prévenu pour le contrat. Guy Latrobe, cousin de Romaniac, serait garçon d'honneur.

Le curé de Lezun décorerait l'église de son mieux, elle serait pleine de fleurs; il mettrait ses plus beaux ornements.

Il ne fallait rien négliger pour Mlle de Barres. Et depuis cinq ans qu'elle avait conscience du beau rôle que peut jouer une jeune fille, avait-elle négligé le plus petit détail pour plaire et pour être utile à tout le monde.

Toujours dévouée, toujours attentive, n'avait-elle pas contribué à donner du pain aux malheureux, il y avait à peine deux ans. Oui, c'était elle qui avait organisé la vaillante troupe des jeunes filles de Copiac pour aller dans les bois et dans les châtaignerées de Campayrac à la recherche des glands et des fruits qu'on distribuait aux pauvres pendant l'épouvantable famine qu'on n'oublierait jamais !...

— Charlot, dit Barres, en gardant nos vaches je vois presque tous les jours, au tournant du ruisseau, le long de notre pré, à l'endroit le plus profond, la plus belle pièce qu'il nourrit; il faudrait tâcher de la prendre, et, dimanche soir, avec Angèle vous la porteriez au Claux et vous en feriez présent à M. le Baron en même temps que vous lui feriez part de votre mariage.

Vous prendriez aussi quelques pièces d'argent.

Je pense que vous n'en aurez pas besoin car nous appartenons à des familles consulaires et il aura quelques égards pour nous sûrement.

— Sûrement, murmura Angèle ! Oui, pourvu que le comte de Lomagne ne soit pas là ! Le baron est brave homme, mais le comte !....

Ainsi fut fait. Charlot et Angèle mirent une carpe d'une vingtaine de livres dans un panier d'osier tressé par Barres durant les longues soirées d'hiver, et arrivèrent au Claux vers les cinq heures du soir.

Le Baron se promenait dans le parc quand on lui annonça la visite de Romaniac fils du consul de ce nom du quartier de Lauzard.

Le Baron arriva et reçut avec bonne grâce les jeunes visiteurs, leur fit compliment sur le présent qu'on lui apportait.

Après avoir exposé l'objet de leur visite, les jeunes gens songèrent à regagner leurs demeures.

La cloche du château annonça l'heure du repas du soir.

Le Baron était bon homme ; il causa quelques instants encore avec ses visiteurs et la cloche annonça que le dîner était servi.

Le Baron se retira. En passant près de l'office, il fit signe à un domestique de venir le trouver.

—Allez prévenir mon intendant, dit-il, afin qu'il reçoive à sa table Romaniac et sa fiancée.

Il n'a pas de redevance à demander aux fils de ces notables de Corbarieu.

Le domestique s'inclina et transmit les ordres qui furent exécutés.

Or, il faut savoir que le Baron se promenait avant le dîner avec son cousin de Lomagne et qu'ils étaient en train de faire le programme d'une grande chasse dans Campeyrac, ou dans Montech, si le gibier se dérobait par les taillis de Montbartier.

Le Comte de Lomagne avait alors vingt-huit ans; il était fougueux, léger, capricieux.

Sa gouvernante, Nancy, qui avait été sa nourrice, l'aimait tendrement, mais elle l'aimait mal.

Est-ce bien aimer un jeune homme que de se soumettre à toutes ses exigences, même les moins raisonnables ?

L'éducation donnée par une femme sans fond et sans scrupule est le pire des dangers. Les mères qui confient leurs enfants à des mains mercenaires, sans valeur intellectuelle ni morale, commettent des fautes après lesquelles il y aura bien des regrets tardifs et peut-être des larmes très amères.

Nancy, ou Nana, commme l'appelait familièrement le Comte, fut bientôt au courant de la situation. Elle s'arrangea de telle sorte que Romaniac quitta le château à huit heures du soir, et qu'il passa à Copiac prévenir que Mlle de Barres ne rentrerait que le lendemain au matin.

Elle était retenue à dîner.

L'astucieuse Nana prit ses dispositions pour que rien ne parut extraordinaire dans le château.

Le comte fut, avec les dames du manoir, d'une

humeur très joviale et d'une amabilité parfaite; jamais caméléon ne s'était montré sous des dehors plus trompeurs et plus souples.

Le renard gascon joua fort bien son rôle.

Nancy conduisit Mlle de Barres, sans défiance, dans une superbe pièce aux tentures du meilleur goût et d'un très grand prix.

Des peaux d'animaux sauvages toutes parfumées, servaient de tapis.

Les fourrures étaient si épaisses que le bruit des pas était entièrement étouffé.

Sur une console de marbre rouge une lampe de vermeil éclairait cette sorte de dortoir durant toute la nuit.

Deux grands candélabres, en argent ciselé, reposaient sur deux supports en soie bleue placés sur un coffre, aux coins garnis de beaux cuivres dorés.

Une table en acajou sculpté permettait au comte d'y déposer des armes ou d'y prendre quelques liqueurs dans des coupes de vermeil.

Près du mur le plus large, entre deux admirables peintures, un lit en bois odorant de cyprès verni, orné de quatre colonnes tournées finement, et supportant des tentures en soie rose semée de paillettes d'or reçut Angèle un peu surprise de tant de luxe et de prévenances..... peut-être perfides!...

A dix heures Angèle ne dormait pas. Tout était pourtant calme dans le château.

Nancy arriva.

— Vous ne dormez donc pas, Mademoiselle de Barres, fit-elle d'une voix caline. C'est étonnant, vous êtes pourtant bien, je pense!

— Trop bien, Madame, reprit vivement Angèle. Je préfère mon lit de paille et ma chaumière à tout votre luxe. Si ma vie y est obscure elle y est à l'abri de tout reproche, et cela me suffit bien !

Nana comprit qu'Angèle se défiait et qu'il ne fallait pas faire éclater ce volcan d'indignation; il y allait de sa propre sécurité. Sûrement le baron ne tolèrerait pas un acte de félonie si monstrueux, et alors pouvait-on dire ce qui résulterait, pour elle, d'une si complaisante bassesse, d'une aussi lâche trahison ?

Nana la vipère se fit caline.

— Tenez, Angèle, videz cette coupe, dit-elle. Il faut dormir ma fille !

Les yeux d'Angèle se remplirent de larmes.

— Gardez votre breuvage, Madame, mes lèvres n'y toucheront pas.

Le piège tendu par Nana devenait grossier.

— Ouvrez-moi donc ces portes de fer, dit Angèle, afin que je m'éloigne au plus vite au risque d'être mangée par les loups !

Nancy ne se trompait pas sur les sentiments de la vierge; mais plutôt que de reculer maintenant, elle alla jusqu'au bout.

Elle prit un coffret garni d'or, l'ouvrit, et, avec une petite spatule en argent en remua le contenu. Des vapeurs odorantes se répandirent peu à peu dans la salle.

Sous l'influence de ce narcotique Angèle s'endormit d'un profond sommeil, tandis que Nana se tenait près d'une porte entrebaillée afin de veiller sur elle-même et sur sa victime.

Angèle plutôt suffoquée qu'endormie agita péniblement ses bras, passa les mains sur sa tête et ses longs cheveux blonds se répandirent sur sa gorge découverte dont la blancheur se confondait avec les fines étoffes qui la recouvraient à demi.

Le moment de l'orgie arriva !.....

Il ne fallait pas les griffes d'un lion pour déchirer cette proie; les crocs d'un chien suffisaient !....

Le chant matinal des coqs annonça le retour du soleil.

Nancy pénétra dans la chambre d'Angèle; celle-ci était déjà debout et tout en larmes....

Quelle que soit l'audace des criminels, ils tremblent après leur crime et faiblissent devant la vertu outragée.

Nancy se contenta de dire que les portes étaient ouvertes et que Mademoiselle de Barres pouvait se retirer.

— Je ne demande pas mieux, dit celle-ci, montrez-moi le chemin.

Quand elle fut dehors, à la lumière de l'aube avancée, elle ajusta tant bien que mal ses habits et précipita sa course à travers champs.

Ses chaussures mal attachées permettaient à une rosée abondante et glacée de tomber sur ses pieds et sur le bas de ses jambes nues.

Quand elle arriva à Copiac, elle s'arrêta un moment dans le cimetière pour dire une prière... Peut-être un dernier adieu à sa mère !

Elle passa après devant la petite église, inclina son front, puis le releva comme pour demander à la Providence le secret de ces luttes éternelles entre les inspirations magnanimes du ciel et les instincts grossiers de la terre !...

Arrivée dans sa maison, elle embrassa son père avec une effusion inaccoutumée; Barres en fut déconcerté; il frappa la terre avec le bout de son bâton et à plusieurs reprises. Il y a du mystère là-dedans, pensa-t-il.

Angèle embrassa sa sœur avec une tendresse inexprimable, puis elle se prit à trembler de tous ses membres et elle se mit au lit pour ne plus se relever.

La journée n'amena aucun soulagement, aucun calme.

A la tombée du jour, elle fit ouvrir la fenêtre de sa chambre, regarda un moment le soleil couchant qu'elle trouvait si beau et qu'elle voyait pour la dernière fois, puis elle demanda à Marthe ce qu'il fallait pour écrire.

Elle traça le billet suivant:

« Cher et bon Charles,

« Quand tu liras ces lignes, je ne serai plus de ce monde.

« Je ne partirai pas tout entière puisque je te laisse pour ainsi dire une autre moi-même, ma sœur Marhe.

« Veille sur mon vieux père et sur tous ceux qui seront faibles autour de toi. Aime la justice par-dessus tout !

« Tu as mon cœur et ma dernière pensée.

« Angè..... »

Elle ne put achever d'écrire son nom.

Le Drame

Le crépuscule jetait son voile sombre sur la nature. La cloche de Copiac sonna son *Angelus* quotidien; puis, ses tintements lugubres firent savoir qu'une maison entrait en deuil.

La triste nouvelle se répandit bien vite. La surprise fut grande comme était grande l'âme qui venait de s'évanouir.

Le ciel, ce soir-là, était plus pur qu'à l'ordinaire; les étoiles plus nombreuses brillaient d'un vif éclat et semblaient vouloir faire comprendre aux mortels que ceux qui le méritent sont honorés par le firmament lui-même.

La maison des gens vertueux n'est jamais vide. On s'empressa de prodiguer à Barres les seules consolations qu'on pouvait lui donner, la certitude que ses peines et ses regrets étaient compris et partagés.

On n'est jamais si malheureux quand des amis prennent une petite part de nos chagrins.

Romaniac quitta Latrobe et arriva dans la nuit auprès d'Angèle qui, les mains jointes, ses yeux reposés du sommeil des justes et sa bouche souriante, sembla l'accueillir avec cette candeur qui est la parure et l'honneur des femmes dont les paroles et les actions ont été toujours pures.

Charlot, aussi pâle que sa fiancée, s'inclina devant elle, mit ses genoux à terre, soupira tristement, puis se releva et baisa sur le front son épouse bien-aimée.

Marthe comprit mieux que jamais qu'elle se

trouvait devant un homme aux nobles sentiments, dont la douleur était insondable. Elle lui tendit le billet qu'Angèle avait écrit.

Il le lut avec un calme stoïque, mais sa pâleur trahissait son émotion, puis il le redonna à Marthe et la pria de le mettre dans un coin du bahut où elle irait le reprendre quand il le lui redemanderait.

Au point du jour, Romaniac prit les mains de Barres et lui dit: « Ayons du courage, père, il nous en faudra ». Puis, se tournant vers la morte, il ajouta: « La puissance et la fortune ne justifient pas les actions contraires à la morale et au droit des gens! » Comme se parlant à lui-même, la main appuyée sur sa tête: « A nous deux, maintenant! »

Il se retira.

La cloche de Copiac tinta encore et les jeunes filles accompagnèrent leur amie dans l'église, trop petite ce jour-là pour contenir la foule émue et indignée, car le guet-à-pens était connu!

On déposa le cercueil d'Angèle auprès de la tombe de sa mère, à l'ombre de deux ormes séculaires qu'un propriétaire du pays a coupés, il y a à peine soixante ans.

Selon les usages locaux, chacun jeta dans la fosse une poignée de terre.

Romaniac fit comme tout le monde, mais son geste ne manqua pas d'impressionner les personnes qui observaient.

Sa main tendue, son front levé, ses yeux garnis de deux énormes pleurs, il murmura à voix basse des paroles qu'on ne comprit pas, et chacun, en se retirant, parlait de ce geste et de ce serment!...

Pour sûr c'était un serment !...

Des femmes formaient un groupe à part où l'on discutait cette grave observation.

Pour moi, dit Catherine Guaillardis, je ne crois pas avoir mal entendu; il a dit: « Mon ange, je te vengerai !... »

Pauvre jeune homme ! pensa-t-on.

Les Sangliers

Les champs de fèves et de maïs étaient ravagés.

Des sangliers nombreux allaient dîner, en plein jour, aux dépens des cultivateurs, jusque dans la plaine fertile et riante de Berthouly.

Le comte aperçut lui-même une laie suivie de quatre marcassins dans les hautes futaies du parc du Claux.

Dès le lendemain, les châtelains organisèrent une battue; mais les imprudences du premier piqueur en compromirent le succès.

Il voulut faire prendre la piste aux chiens afin qu'ils connussent bien le gibier.

Pendant la nuit, la meute donna à grands cris dans le parc, et les pachidermes passèrent dans les bois des environs.

Tout le monde souhaitait voir la contrée purgée de ces hôtes incommodes. On fit savoir au Claux, qu'on avait vu certains sangliers dans leurs bauges.

Le comte de Lomagne fit dire qu'on accorderait une récompense aux paysans qui favoriseraient la capture d'un sanglier proportionnellement à son poids.

La nouvelle se répandit vite car l'argent était chose rare en ce temps-là.

Un mardi de juin, vers les huit heures du matin, les chiens faisaient rage.

Les rabatteurs à pied, les piqueurs à cheval traquaient dans des sens divers, mais les voix de la meute, apportées par le vent, annonçaient la marche resserrée du sud au nord, vers les taillis de Montbartier.

C'était à l'entrée de ces bois, dans une clairière très propice, que devaient déboucher les chasseurs, au passage d'un abondant gibier.

Un jeune homme de vingt-cinq ans environ, convenablement vêtu, un fort gourdin à la main, se tenait dans un épais fourré à quelques toises du chemin de Salsevert.

Il observait tranquillement la marche de deux cavaliers, à deux cents pas l'un de l'autre.

Le jeune homme les reconnut bien: le premier qui passa au trot de sa monture fut le seigneur du Claux; le second fut le comte de Lomagne.

Le jeune homme sortit de sa cachette et alla se placer devant le cheval qui, instinctivement se détournait.

Le comte, quoique un peu surpris, semblait ne point prêter attention à ce roturier, idiot peut-être, pareil à cet autre fou qui arrêta Charles VI dans la forêt du Mans.

Le jeune homme, comprenant que le comte voulait passer, et se voyant seul, prit la bride du cheval, jeta son gourdin à terre et dit: « Lomagne, descendez, nous avons une affaire d'honneur à régler sur le champ. »

Le comte, indigné de tant d'audace, finit par lui dire: « Qui es-tu? Que veux-tu? »

« Je suis le fils du consul Romaniac de Corbarieu, le jeune homme qui devait épouser Angèle de Barres le jour même où cette victime de ta lubricité a vu toute la contrée à ses funérailles.

« Tu me dois compte de ses souffrances et de sa mort.

« Attache ton cheval et mets-toi en garde! »

Le comte manifestait une colère des plus vives, mais il lui répugnait de se mesurer avec un manant de ses terres qui, au surplus, lui devait obéissance et respect.

Romaniac prit le bras du comte au moment où celui-ci voulait arracher son arme de chasse du fourreau. Il ajouta:

« Allons, noble lâche, tu vois bien que je ne tiens aucune arme, moi; vois donc mon bâton à terre. » Et il lui serra si fortement les bras que le comte se sentit comme pris entre les mâchoires de fortes tenailles.

« Mais enfin, misérable, fit le comte, tu sais bien que tu n'es pas noble pour te battre en duel. Je ne puis consentir à m'abaisser jusqu'à toi.

— Ceux qui t'ont fait noble t'ont donné le droit d'en faire autant; cela n'est que simple convention; au lieu de te dérober, appelle-moi Charles de Latrobe, marquis de Lauzard, et finissons-en! »

Le comte fit un dernier effort pour se dégager; mais Charlot, le prenant par la ceinture au bout de ses bras, le mit à terre et menaça de le broyer avec son gourdin s'il refusait de se battre.

Le comte sentit alors toute la gravité de sa situation; il avait trouvé un laboureur capable de lui labourer le visage en moins de rien; il prit d'une main le cor qui était retenu à sa ceinture et sonna au secours; puis il chercha de nouveau à dégaîner sa dague sans pouvoir y réussir, Charlot ne lui en laissa pas le temps.

« Triple gueux de Lomagne! s'écria Romaniac, je n'avais jamais compris jusqu'ici pourquoi les paysans sont si petits devant les seigneurs; c'est tout simplement parce qu'ils se mettent à leurs genoux.

« A ton tour, fais-toi plus petit que moi, et donne-moi tes excuses que je porterai à Barres. »

Le comte écumait. « Ah! mon épée! » s'écria-t-il.

« Ah! tu veux attendre qu'on t'apporte ton épée! Je ne suis pas de ton avis; nous allons régler avec nos bras. »

Ce disant, il souleva le comte, lui fit faire le moulinet comme en se jouant, et le rejeta à terre avec une telle force que le comte s'étendit comme un crapaud et resta entièrement étourdi.

Romaniac lui mit un genou sur le ventre et pressa si fort que Lomagne en devint couleur de plâtre, ses bras et ses jambes tremblottèrent comme les pattes d'une araignée qu'on écrase du pied; puis il ne bougea plus. C'était un cadavre.

A son tour, Romaniac voulut détacher la dague et la plonger dans le cœur de son adversaire; il ne sut pas faire jouer le ressort qui la tenait au fourreau...

Les sons de trompe avaient été entendus. Les châtelains du Claux et les piqueurs arrivèrent; ils trouvèrent Charlot sur sa victime.

Le seigneur qui tuait un paysan ne faisait rien de bien extraordinaire; mais si un manant faisait une injure à un seigneur, on ne lui donnait guère la facilité de recommencer.

La justice était prompte en ce temps-là. La mort du comte était un crime à venger; le criminel était là ! Il fallait un exemple immédiat.

Dix hommes se jetèrent sur Romaniac.

Un piqueur prit une des cordes avec lesquelles on attachait les chiens; il la passa autour du cou du patient et on le pendit à un chêne qui était en bordure sur le chemin de Salsevert à Montbartier.

Pendant plus de deux siècles que ce chêne est resté là, on l'a appelé le chêne du pendu.

SEPTIÈME PARTIE

ACCROISSEMENT DU POUVOIR ROYAL

Création des Conseils politiques

Guyon de Vignes qui, à la demande des paysans, fit établir le terrier, en 1615, confirma les pouvoirs des deux consuls de Labastide qui devaient prendre part à l'administration de la communauté, mais ils devaient être agréés par lui ; l'autorité seigneuriale n'en fut donc pas sensiblement diminuée ; toutefois, les populations s'accoutumèrent à s'occuper de leurs intérêts communs, à exposer modestement leurs désirs et leurs besoins. Les causes justes ne manquèrent pas d'impressionner l'autorité royale qui, dans bien des cas, soutint les prétentions du peuple contre le pouvoir seigneurial et les rois nommèrent des conseillers politiques qui, presque toujours, se joignirent aux consuls afin de faire échec aux seigneurs.

Le ministre qui comprit le mieux les avantages d'un pouvoir fort et respecté fut le grand Richelieu.

Las de voir la noblesse toujours turbulente, toujours agressive, hautaine et rapace, il augmenta les prérogatives des parlements et nomma des intendants royaux qui étaient des sortes de préfets installés dans les grandes villes et chargés d'organiser une vie administrative assez puissante pour faire sentir partout la main du roi. Cette institution porta d'immenses fruits.

Notre commune, à partir de cette époque, releva du Parlement de Toulouse.

Dix-huit ans après la mort de Richelieu, en 1660, Labastide commença de vivre au grand air et de faire entendre sa voix.

Aux deux consuls communaux furent adjoints des conseillers politiques nommés sur la proposition de l'intendant royal domicilié à Toulouse et ayant un représentant à Castelsarrasin ou à Montauban.

Larroque et Gautié furent nommés consuls de la Communauté; Gourdou, Izarn, Lacroix furent nommés conseillers politiques; Lescure fut syndic.

Dans cette même année, les consuls furent renouvelés et les pouvoirs consulaires furent confiés aux sieurs Raymond Lauzerin et Jean Larroque, Lescure, syndic.

Ils n'eurent à s'occuper que du fermage de la forge banale, lequel était renouvelé tous les ans ou tous les deux ans au plus.

Les revenus de la forge banale qui s'élevaient à la somme de 240 livres environ, étaient à peu près, avec les amendes imposées aux auteurs de délits ou de crimes, les seules ressources dont pût disposer la Communauté pour ses dépenses qui étaient d'ailleurs fort restreintes; elles consistaient à entretenir l'église, à faire curer les fossés qui empuantaient le village et à donner un peu de pain à ceux qui mouraient de misère.

A cette époque, il n'y avait pas de maison commune. Les consuls, pour s'occuper des affaires de la Communauté, pour prononcer les jugements contre les auteurs de crimes ou de délits, s'ils n'étaient pas appelés au château dans une chambre moitié cave, moitié prison, se réunissaient tantôt chez l'un, tantôt chez l'autre, mais principalement sur la place publique, comme dans les anciennes républiques d'Athènes et de Sparte, toutes les fois que le temps le permettait.

En 1767, Lauzerin et Moulis étant consuls, Lescure syndic, Gautié et Lacroix conseillers politiques, Izarn lieutenant du roy, les consuls se réunirent, le vingt septembre, pour nommer une commission chargée de se transporter dans les vignes pour juger de la maturité des vendanges.

Ce fut la première fois que les Bastidens vendangèrent à leur gré; jusque-là, le seigneur avait fait seul publier le ban des vendanges sur lequel il percevait un droit seigneurial.

Les conseillers politiques étaient audacieux; ils relevaient de l'autorité royale et avaient peu à craindre du seigneur; ils n'étaient pas même fâchés souvent de lui faire opposition et de rogner ses pouvoirs; ils demandèrent, en 1767, que la rente perçue par lui sur la forge banale fût déterminée; ils obtinrent gain de cause et cette rente fut fixée à deux sacs de *bled*, à deux cribles et cinq sols en argent.

En outre, les propriétaires furent taxés et le

forgeron ne put exiger que deux rases de *bled* par paire de bœufs de labour; deux rases de seigle par paire de vaches; une rase seulement de ces grains par paire d'ânes ou d'ânesses.

Le mouvement communal ainsi mis en marche ne s'arrêta plus. Les impôts furent régulièrement établis par une commission composée des consuls, d'un représentant de l'évêque de Montauban, de l'intendant royal, de l'intendant du seigneur et d'un ou deux commissaires départeurs (*Répartiteurs actuels*). La mande royale ou budget fut établie en recettes et en dépenses; c'est ainsi que la mande de 1773 nous fait connaître qu'à cette époque il y avait 115 propriétaires résidant dans Labastide et 45 dans les communautés voisines.

Les patentables étaient au nombre de 68. On trouve dans cette liste des commerçants confondus avec des colons ou bordiers sous la dénomination d'ouvriers à l'industrie. Leurs cotes ne dépassaient pas deux livres; ainsi, Débézis, maçon, payait 20 sols; Moulis, forgeron, 40 sols; Izarn, tailleur, 25 sols; Jean Débézis, boulanger, 25 sols; François Bédel, hoste, 30 sols; Gautié André, boulanger, 30 sols; Hugues Massot, marchand, 20 sols, etc.

Il y avait, en outre, une centaine de pauvres diables qui ne payaient rien et pour cause.

Les recettes s'élèvent, en 1773, à 1,896 livres, 4 sols, 5 deniers.

Pour donner satisfaction à ceux de nos lecteurs que les détails sur l'administration des finances au XVIIIe siècle pourront intéresser, nous allons mettre sous leurs yeux les dispositions de la mande de 1773, telles que nous les avons trouvées dans un document authentique en respectant la forme et l'orthographe:

Préambulle du Rolle des ympositions sur la commu[te] (Communauté) *de Labastide-Saint-Pierre pour l'année courante mille sept cens soixante treize En conséquence de la Délibération prise par le conseil ordinaire de la d. Com*[te], *Le vingt cinq juillet courant mois.*

Chapitres 1. — SOMMES CONTENUES EN LA MANDE

Premièrement pour la cotité de la ditte comm[te] *de toutes les sommes ymposées sur le diocèze Bas-Montauban par Messieur les commissaires du Diocèze le vingt cinquième moy mille huit cens une livre huit sol cinq deniers.* Savoir:

Pour la cottite de la taille, soixante quatorze livres douze sols onze deniers.	74 l. 12 s. 11 d.
Pour celle du taillon, vingt trois livres sept sol sept denier..................	23 l. 7 s. 7 d.
Pour celle de garnisons, vingt huit livres un sol deux denier.....	28 l. 1 s. 2 d.
Pour celle de morte pye, trois livres dix nof sols quatre deniers...........	3 l. 19 s. 4 d.
Pour celle de l'etape, vingt huit livres quatre sol sept deniers.........	28 l. 4 s. 7 d.
Pour celle des deniers extraordinaires, mille deux cent septante sept livres quatre deniers...................	1.277 l. 0 s. 4 d.
Pour celle des frais d'assiette, trois cent soixante quinze livres quatre sols huit deniers......................	375 l. 4 s. 8 d.
Total des d. sommes.....	1.801 l. 8 s. 5 d.

Outre ces sommes à payer au fisc royal, il faut savoir que les propriétaires avaient à payer en nature des dîmes ecclésiastiques et seigneuriales et que les colons devaient encore à leurs propriétaires des redevances en argent, des rentes en volailles, œufs, etc., selon les conventions établies.

Chapitre 2. — DÉPANCES ORDINAIRES

La dite mande de 1773 fixa les dépenses à 75 livres, savoir:

Pour livrées des consuls : le 1er consul	6	livres.
— — le 2me consul	5	—
Pour le baile des consuls	3	—
Pour le secrétaire	25	—
Pour dépenses imprévues	30	—
Aux deux cotisateurs aux industries	6	—

SIGNÉ : LESCURE,
Syndic et départeur.

Le village de Labastide quoique d'une petite importance avait un boucher.

En 1775, ce boucher, nommé Durou, fut condamné à cent livres d'amende pour avoir fait passer une vache tarée au bac de Labastide. Les pauvres devaient bénéficier de cette amende, mais Durou ne put pas payer; il dut fermer sa boucherie et fut remplacé par Dussel.

La boucherie fut soumise à une rigoureuse réglementation. Le boucher ne pouvait tuer un bœuf que tous les quinze jours, un veau par semaine et un mouton tous les cinq jours.

En 1780, les consuls affermèrent une chambre pour y tenir leurs assemblées.

La fortune publique augmentait peu à peu car les impôts s'élevèrent à la somme de 2,346 livres 18 sols, 6 deniers.

La vie était normale et les affaires publiques n'offrent rien de particulier jusqu'en 1789.

A partir de cette date, les archives de la mairie deviennent très intéressantes.

Nous allons en donner un résumé succinct mais absolument précis, comme chacun pourra s'en convaincre en allant les consulter. Nous ne pouvons mieux faire, aucun classement méthodique de ces précieuses archives n'ayant été fait.

Dès le comencement de 1789, le consul Lescure est désigné par la Communauté pour se rendre à Montech à l'effet de discuter les propositions à faire pour envoyer un représentant du tiers état à l'assemblée nationale qui se réunit à Versailles le 5 mai 1789.

Les membres de la noblesse nommèrent le seigneur de Labastide.

Le budget, cette année, s'éleva à 2,468 livres. 5 sols, 6 deniers à verser dans les caisses du trésor public.

Personne ne voulant être collecteur, Izarn fut nommé collecteur *forcé*. Il faut donc savoir que le collecteur répondait des sommes à percevoir et n'était pas sûr de les faire rentrer exactement. Pour ses frais, il reçut, en 1773, 19 francs 6 sols.

Les dépenses augmentèrent sensiblement cette année-là, car il fallut payer les frais de voyage, de nourriture du délégué aux assemblées préliminaires ou primaires.

Lescure reçut 114 livres (voyage et séjour à Montech).

A peine les députés furent-ils réunis à Versailles que des difficultés graves s'élevèrent entre eux au sujet de la manière de délibérer.

Les députés du tiers état avaient reçu les doléances de leurs mandants et ils eurent l'énergie nécessaire pour exiger que les réformes demandées par le peuple fussent discutées.

Les députés de la noblesse, du clergé et du tiers état ne pouvant s'entendre; le pouvoir royal tâtonnant dans une indécision constante et faible, étaient autant de causes de lassitude, d'irritation et finalement de désordre.

La Révolution en découla.

La prise de la Bastille, le 14 juillet 1789, fut le premier triomphe populaire qui eut sa répercussion dans toute la France. Les Bastidens n'y furent pas insensibles. Jamais petite commune n'a montré plus d'activité et plus d'énergie pour la défense des libertés communales.

L'administration royale fut débordée; la justice fut impuissante à maintenir l'ordre. Il fallut faire appel contre les coureurs de route, assassins ou voleurs, aux bonnes volontés des hommes sages et honnêtes pour former des milices capables de maintenir la tranquillité publique.

Au château du Claux — Épisode de la Révolution

(HISTORIQUE)

Anne-Jeanne-Thérèse-Josephe de la Roche-Gensac, une jeune fille de grande race puisqu'elle appartenait à une branche des La Roche-Fontenille, descendante des Lomagne, épousait, le 8 avril 1773, haut et puissant seigneur Louis-Adélaïde-Anne-Joseph de Montmorency, comte de Laval, gentilhomme accompli.

Tout semblait se réunir, dans cette union, pour assurer au jeune couple bonheur et prospérité. La comtesse apportait une magnifique dot; le plus charmant des visages, un caractère aimable et une éducation parfaite.

Le comte, non moins favorisé des dons de la nature et de la fortune, était un beau cavalier qui, à la Cour, avait eu des succès nombreux durant les dernières années du règne de Louis XV.

Certaines aventures galantes chuchottées tout bas auraient même alimenté de petits pamphlets dirigés contre la Du Barry.

Mais tout cela était de l'histoire ancienne et Joseph de Montmorency devait s'être amendé puisqu'il se décidait à chercher une femme.

Le mariage fut célébré avec pompe à Montauban en présence de toute la noblesse du pays, des membres de la Cour des Aides, de l'Intendance, des Trésoriers de France, du bureau des Finances et du haut clergé. Mgr Le Tonnelier de Breteuil bénit cette union, et le soir, il y eut au château du Claux une fête splendide qui dura jusqu'à une heure avancée de la nuit.

Pendant le brouhaha du départ des invités, alors que ses caméristes enlevaient à la mariée sa toilette nuptiale, on ne remarqua point que le comte de Laval avait disparu; et ce ne fut que lorsque les derniers candélabres furent éteints qu'on chercha en vain le nouvel époux.

Grand émoi dans la maison. Des lumières courent dans le parc et aux alentours; des mariniers improvisés sondent la rivière, mais on ne retrouve nulle trace du comte.

Le nouvel époux avait-il été enlevé dans son

carrosse par l'une des dames invitées au mariage? ou bien tué en duel dans un guet-à-pens et jeté dans le Tarn qui baigne les pieds du château?

La bande mystérieuse dont les exploits terrifiaient alors le pays en avait-elle fait une de ses victimes?

Autant de questions qui ne furent jamais résolues car la comtesse attendit en vain et toujours ce mari à peine entrevu.

C'était une âme énergique, bien trempée, dont le malheur immérité ne fit qu'augmenter et développer le courage et les qualités natives.

Elle se consacra à l'embellissement de cette demeure que l'amour devait ensoleiller et qui, malgré tous ses soins, ne put redonner aux bocages la joie et la vie.

Le château du Claux, situé sur les bords du Tarn, dans la vaste et riante plainte qu'arrose cette rivière, à deux lieues de Montauban, devint une solitude charmante que seules les amies de la comtesse avaient le droit de troubler. Mais en revanche, elle attira à elle les malheureux et tous ceux à qui elle pouvait être utile, renonçant aux succès qui attendent dans le monde une femme jeune dont le rang et la fortune commandent les égards. Elle devint la providence du pays.

Pendant toute l'année, elle occupait dans son parc les paysans âgés, visitait les pauvres, leur portant elle-même secours et provisions, préparant de ses mains les remèdes dont ils avaient besoin.

Telle était la vie de Joséphine de Montmorency, comtesse de Laval, lorsque les premiers bruits de la Révolution parvinrent dans nos provinces.

De tous côtés des orateurs incendiaires essayaient de soulever le peuple et des hordes armées parcouraient les campagnes, apportant avec elles le fer, le feu, le meurtre et le pillage.

On pourrait croire que, protégée par ses bienfaits, la dame de Montmorency ne devait pas craindre pour sa tranquillité.

Cependant, des bruits sinistres couraient dans la contrée; on prétendait que des bruits séditieux avaient été tenus jusque dans le château; la municipalité corrompue vint demander à la comtesse l'abandon de ses rentes féodales, et bientôt les menaces succédèrent aux demandes; on parla même de brûler le château.

Les brigands s'attroupent dans la nuit, battant la caisse cherchent à jeter l'épouvante parmi les domestiques.

Heureusement Mme de Montmorency est née avec un caractère énergique, un courage peu commun chez une femme.

Aux revendications des municipaux, elle répond en montrant ses pistolets: « Voilà la plume dont je me servirai pour signer l'abandon de mes droits. »

Le château étant isolé, les attroupements continuent avec d'autant plus de sécurité que les pillards se sentent loin de la garde nationale. (Elle était à Corbarieu sur la rive opposée du Tarn, et le syndic de Berthouly ne jouissait pas d'une autorité suffisante pour former une garde nationale et la commander.) Ils entrent dans l'avenue; Mme de Montmorency crie: « Aux armes! » et fait une sortie à la tête de ses gens qu'elle commande. Les brigands prennent la fuite.

Le lendemain de cette affaire était un dimanche; l'église du Claux, encore plus remplie qu'à l'ordinaire, contenait les insurgés, car le mot d'ordre avait été donné d'investir le château après la messe.

Mme de Montmorency, entourée de ses gens, prend place au banc seigneurial et dépose sur la tablette placée devant elle son sac, un sabre et quatre pistolets.

Cette attitude en impose aux plus exaltés; ils laissent le service divin s'accomplir, puis ils se réunissent chez l'un des patriotes; celui-ci craignant pour sa personne, les dissuade d'agir en plein jour et leur conseille d'attendre la nuit.

Pendant ce temps, la comtesse court à Montauban et demande du renfort à un corps de volontaires formé pour la défense des châteaux.

Aussitôt un détachement se rend au Claux et sa présence suffit à déconcerter les agresseurs.

Mme de Montmorency n'eut pas lieu de se repentir de la fermeté, du courage et de la présence d'esprit dont elle fit preuve en cette circonstance.

La population, en majorité honnête et reconnaissante des bienfaits reçus, empêcha les sans-culottes de renouveler leurs tentatives.

Elle put ainsi passer, sinon en paix du moins sans encombre, les mauvais jours de la Révolution.

Communiqué par M. Ed. Forestié.

Monolithe indiquant les limites des diocèses de Montauban et Toulouse.

HUITIÈME PARTIE

Labastide et la Révolution

Nouveau Régime

Le 4 août 1789, le citoyen Lescure, homme intelligent et résolu, réunit, en qualité de premier consul, tous ses collègues, et sur la place publique, en présence de tous les habitants, il harangua la foule, fit le tableau de la situation, montra les avantages de l'union, de la défense des foyers avec tant de force que des applaudissements unanimes lui donnèrent raison.

Il proposa alors de nommer une garde bourgeoise permanente résolue à maintenir la tranquillité publique.

Chacun, de nuit et de jour, viendrait à tour de rôle monter la garde selon les instructions qu'on donnerait. « *Venez tous sur la place publique avec vos armes: fusils, sabres, fourches de fer, bézouch* (sorte de hâche à long manche), *volans, faux montées. Il y aura une amende de cent sols contre ceux qui ne se rendront pas.* »

Quand on fut réuni dès le lendemain, Lescure ajouta: « *Chacun de vous sera bon patriote.*

Tout étranger, voyageur à pied ou à cheval, sera arrêté. S'il est suspect et s'il refuse de dire son nom, il sera conduit à la prison du seigneur (sic). »

Sagesse et Patriotisme des Bastidens

L'ordre régna dans Labastide même pendant les jours les plus sombres car aucun écrit, dans les archives, ne prouve le contraire.

A peine l'Assemblée Constituante eut-elle réorganisé l'administration en général que les Bastidens acceptèrent avec empressement les lois nouvelles. Ils se donnèrent du mouvement pour se procurer un secrétaire à la hauteur de ses fonctions, car les hommes sachant lire et écrire convenablement étaient rares. Ils payèrent en conséquence et se firent bien servir.

A mesure que les lois parvenaient à la municipalité, elles étaient régulièrement inscrites sur des registres qu'on a conservés aux archives communales. Il ne manque peut-être pas une lettre patente de Louis XVI dans cette transcription.

Quand la Constituante eut terminé son œuvre d'organisation administrative, Labastide fut comprise dans le canton de Grisolles, arrondissement de Castelsarrasin, département de la Haute-Garonne, elle fut dénommée Labastide-Fronton et puis Labastide-sur-Tarn, nom tiré de sa position sur le Tarn.

On nomma maire le citoyen Lescure qui avait la confiance de ses concitoyens et les rapports réguliers avec le pouvoir central furent assurés.

En 1792, Géraud Izarn fut nommé maire. Pendant son administration, on fit l'évaluation des biens meubles et immeubles de la Communauté; cete évaluation créa des difficultés et Cogoreux devint maire.

Labastide voyait son importance grandir tous les jours; ses enfants étaient partisans de la République; ils furent secondés par ce gouvernement qui se montrait favorable à l'agrandissement de la Commune aux dépens de celle de Corbarieu.

La municipalité de Labastide voulut donner une marque de sa vigilance à ses administrés; elle exposa dans une délibération motivée, l'importance du village par sa position et sa population. Deux foires furent créées l'une le 31 mars, l'autre le 31 août. Pendant quelque temps, elles furent fréquentées. (Les bestiaux étaient conduits sur le communal vendu plus tard aux Chartreusines.)

La noblesse et le Clergé qui, dans la nuit du 4 août 1789, avaient renoncé à leurs privilèges, ne voyaient peut-être pas sans peine que leurs pouvoirs étaient réellement évanouis; ils créèrent une foule d'embarras a la Convention qui, pour faire face à des difficultés insurmontables, se montra d'une sévérité redoutable.

Guerre avec l'étranger; guerres civiles à l'intérieur, révoltes famine. désordres de toutes sortes, telle était la situation créée en 1793, par les hommes qui voulaient retourner à l'ancien régime et ceux qui étaient bien décidés à aller de l'avant.

Le Conseil municipal vota régulièrement son budget pour 1793.

Les impôts s'élevèrent à 3,756 livres 5 sols, 3 deniers.

Les dépenses s'accrurent un peu:

Réparations au presbytère.	12	livres.
Loyer du lieu ordinaire des séances.	12	—
Appointements au secrétaire-greffier	80	—
Fourniture de papier.	10	—
Valet municipal.	10	—
Dépenses imprévues	90	—
TOTAL.	214	livres.

La forge banale était supprimée; les propriétaires étaient libres de payer selon leurs besoins et leurs moyens. La crise révolutionnaire grandissant de jour en jour, les grains furent de nouveau cachés dans les silos; les riches ne voulaient pas porter leurs denrées sur les marchés; la famine se faisait sentir dans les campagnes, dans les villes surtout.

Le prix du pain fut taxé dans Labastide à 4 sols 6 deniers la livre; la viande à 18 sols la livre.

Les maires éprouvaient de grands embarras dans leur administration, aussi l'écharpe passait d'un maire à un autre avec une rapidité étonnante; dans l'espace de quatre ans, il y eut six maires, et il y en aurait eu sans nul doute une douzaine si ce n'eût été la difficulté de trouver des hommes sachant lire et écrire.

La liberté, en ce temps-là, devait avoir quelque chose de capiteux; Vigouroux fut obligé de taxer, avec rigueur, le pain et la viande.

Il proposa au Conseil, le 28 septembre 1793 de prendre un arrêté ferme pour empêcher les gens pauvres d'aller grapiller avant la fin des vendanges, car vous le voyez, citoyens, dit-il, les ouvriers ne veulent pas se louer, ils préfèrent aller grapiller dans les vignes à vendanger.

(On conçoit aisément que ce fût plus avantageux; était-ce plus juste?)

On sait qu'à la veille de la Révolution les salaires des ouvriers étaient très petits. Dans les comptes du marquis de Puylaroque, on lit qu'il payait 15 sous par jour à un menuisier et la nourriture, ou 21 sous sans nourrir. La nourriture d'un homme était donc comptée 6 sous par jour.

Un ouvrier terrassier gagnait 10 sous, une femme 6 sous, un enfant de 2 à 5 sous par jour.

Les Capucins qui allaient dire la messe, le dimanche, au château recevaient, à la récolte, 2 sacs de blé et une pipe de vin.

M. de Bonfontan beau-père de M. de Puylaroque donnait 300 livres par an à son cuisinier et, pour tout profit, les peaux de lièvres.

Il donnait 140 livres à son premier porteur (cocher), 90 au second et 36 francs par an à ses femmes de chambre (3 francs par mois!)

Après la Révolution, les ouviers voulurent gagner davantage, peut-être trop car la municipalité de Labastide, Courdy étant maire, fixa ainsi les journées: 40 sous pour faucher ou 20 sous et nourri; 30 sous pour la moisson, et pour les hommes; 25 sous pour les femmes; la nourriture restant à débattre.

L'an II de la République fut fécond en évènements en France et même à Labastide.

La lutte fut terrible contre l'Autriche et la Prusse qui comptait dans leurs armées un grand nombre d'émigrés français se battant contre leur pays.

La Convention fit feu au dedans et au dehors contre tous ses ennemis; elle ordonna à toutes les municipalités de secouer définitivement le joug seigneurial.

Les Bastidens exécutèrent gravement cet ordre.

Courdy, maire, fit publier, au son du tambour, que toutes les personnes qui avaient des papiers d'esclavage devaient les porter à la commune et qu'ils seraient brûlés le dimanche suivant sur la place publique, à 5 toises du puits communal.

Le dimanche 27 brumaire, an II, à l'issue de la messe, tous les Bastidens étant réunis, les papiers féodaux furent mis sur un bûcher auquel le maire Courdy, et Moulis procureur de la Commune, mirent le feu.

La cérémonie dut être imposante, car elle était présidée par le conseil général de la commune. Il y avait là Lescure et Petit, officiers municipaux, signés au registre des délibérations.

L'autodafé dut être complet, car, dans les familles, on n'a conservé presque aucun titre. Les héritiers du marquis de Puylaroque seuls ont des parchemins très intéressants.

Greniers publics

Pour nourrir les armées de la République, la Convention prit des mesures de rigueur.

Un grenier public fut établi dans Labastide chez Joseph Gourdou, moyennant une indemnité de 20 livres.

Il fallait tenir compte des entrées et des sorties des grains; Joseph Gourdou n'étant probablement pas en état de tenir cette comptabilité, le grenier public fut transféré chez Vigouroux. Les communes d'Orgueil, de Campsas et de Corbarieu, rive gauche, portèrent leurs grains dans notre village.

La Convention, se voyant menacée de toutes parts, devint terrible.

Tous les hommes qui voulaient exercer une fonction publique, changer de résidence, étaient obligés de présenter un certificat de civisme; la municipalité de Labastide en délivra un grand nombre, entre autres au curé Vigouroux, qui renonça au sacerdoce; aux citoyens Débézis, Petit, engagés volontaires, au citoyen Vignes qui renonça momentanément à son titre de marquis et se fit aussi modeste que le dernier de ses vassaux.

Pour délivrer des certificats de civisme, il fallait être reconnu bon républicain par les représentants de la Convention, aussi les Bastidens s'empressèrent de donner leur adhésion aux idées nouvelles, et leur Conseil général, le 30 ventôse an II, délibéra qu'il reconnaissait les bons principes républicains des vrais montagnards.

Géraud Izarn et Lescure signés aux registres des archives municipales de Labastide.

(Des montagnards de Labastide se redressant fièrement devant leurs anciens maîtres et mettant leurs volontés, leurs forces en commun pour faire prévaloir leurs droits et leurs libertés, cela aujourd'hui ressemble à un paradoxe.)

Cependant nos devanciers de 93 se sont déclarés les amis de Marat et de Robespierre.

Ne songeons pas à les blâmer car pendant des siècles ils avaient vraiment souffert.

(Certains hommes ne connaissent le prix de la liberté que quand ils en sont privés !)

Dans une délibération de l'an II, le conseil municipal se réunit pour aviser aux moyens de fournir à la ville de Grisolles 6 bois de lit, 6 paillasses et 12 draps pour les soldats blessés à la guerre ; il décide que le citoyen Vignes fournira les 6 bois, les 6 paillasses, et 6 draps de lit. La communauté fournira le reste (6 draps).

On n'avait pas des lits à revendre alors ; on couchait sur des feuilles sèches ou sur de la paille, et la municipalité déclare que les habitants qui ne sont pas au nombre de 480 sont *fort misérables.*

Une proclamation d'un maire de cette époque (classée aux archives) s'exprime ainsi : « *Voyez* « *les souffrances de vos concitoyens, entendez* « *leurs cris de douleur, prêtez une oreille de pitié* « *à leurs gémissements, cédez un peu de terre* « *aux pauvres pour qu'ils puissent y semer des* « *fèves qui constituent une bonne nourriture,* « etc. »

Nous regrettons de ne pouvoir donner le nom de cet homme de cœur, mais c'est sûrement un de ceux-ci : Lescure, Izarn, Vigouroux, Moulis ou Courdy.

Pour parer encore à la misère des pauvres, on délibéra qu'il fallait mettre une taxe sur la viande de boucherie et sur le vin débité dans les cabarets ; on dut y renoncer, personne ne voulant se charger de la percevoir.

Les Victoires de la République

Le duc de Brunswick, généralissime des armées autrichienne et prussienne, méprisait les soldats de la France.

Ces mercenaires, ces savetiers, disait-il, ne sauraient nous inspirer aucune inquiétude.

Il se trompait.

Sur le plateau de Valmy, où se trouvaient deux enfants de Labastide: Petit et Débézis, engagés volontaires, ces savetiers écoutèrent les ordres de Kellermann. « Tirez seulement, dit-il, quand je commanderai ».

Les boulets ennemis tombaient parmi les hommes en train de manger la soupe.

« Ils ont peur, disait Brunswick, ils ne bougent pas; ils sont sous terre. » Et il commanda à ses armées d'avancer rapidement.

Quand Kellermann les jugea assez rapprochés, il mit le chapeau à la pointe de son sabre et s'écria:

« Aux armes! citoyens, vive la Nation! »

Les soldats n'achevèrent pas leur pain. « Vive la Nation! » répondirent les Français avec une telle force que le plateau en trembla, et que les ennemis en frémirent. Ceux-ci n'eurent pas seulement peur à leur tour; ils furent écrasés.

La première bataille apprit à Brunswick et à ses alliés la valeur des sans-culottes de France.

Chacun sait le reste: Le drapeau aux trois couleurs porta dans toutes les capitales de l'Europe le respect du nom français et l'espérance en un avenir meilleur.

Revenons à notre petit pays.

Tous les rois de l'Europe se liguaient contre nous; pour faire face à tant d'ennemis, il fallait, non seulement des hommes, mais des munitions.

Les canons manquaient, les munitions manquaient; on demanda aux municipalités d'envoyer, dans les fonderies de l'état, tout le fer et tout l'airain dont elles pourraient disposer.

Depuis peu de temps, les églises étaient fermées; on réclama surtout les cloches.

La municipalité de Labastide fit droit à la demande du gouvernement; elle prit dans l'église les objets qui y étaient enfermés, en fit un inventaire que l'on trouve dans les archives de notre mairie et dans lequel nous avons seulement relevé le poids de la cloche qui était d'un quintal. (Petite cloche bien modeste à côté des belles cloches d'aujourd'hui !)

Ces objets devaient être dirigés sur Toulouse étape par étape. Les Bastidens déposèrent donc le tout à Bouloc, et rentrèrent chez eux.

Il faut croire que toutes les municipalités n'obéirent pas ponctuellement aux ordres reçus, car, quelques années plus tard, M. de Puylaroque rapporta de Bouloc la petite cloche de notre village; son babil argentin se fait rarement entendre, à notre grand regret.

Napoléon, premier Consul, voulant remettre le calme dans les esprits, donner satisfaction aux consciences, ordonna la réouverture des églises.

Les Bastidens se montrèrent toujours des hommes d'ordre et de sagesse. Leur petite église qui était située sur la place (devant la mairie), fut fermée, mais personne n'y fit la plus légère dégradation.

La municipalité délibéra que rien ne s'opposait à la nomination d'un prêtre; la difficulté fut seulement de trouver un presbytère; on prit un petit logement délabré en face de l'église (emplacement de la mairie actuelle). On le fit réparer et on reçut le curé; ce fut M. Laporte de Canals qui se présenta devant les conseillers municipaux réunis à la maison commune et qui, après avoir prêté serment à la Constitution, devint curé de Labastide.

Instruction Publique

Les Conventionnels ne se contentèrent pas de vaincre; ils voulurent et surent organiser.

Le célèbre Lakanal répétait souvent que le plus grand fléau de l'humanité est l'ignorance, source de nos mécomptes et de nos plus graves erreurs; il fit partager ses idées à la Convention, et sur tout le sol de la République on fonda des écoles pour instituer des citoyens.

Les Bastidens partagèrent les vues de Lakanal et nommèrent leur premier instituteur qui fut Bernard Boy. Il ne resta pas longtemps dans la commune, ses mœurs laissant à désirer; il fut remplacé par Débézis auquel succéda le sieur Coutou; après ce dernier, la commune resta quelque temps sans instituteur. Marie Astié fut nommée institutrice et n'eut pas de successeur.

Quand l'école se rouvrit, elle fut dirigée par M. Gautié, qui était le plus savant de son temps dans la commune; il nous a montré son titre de capacité disant qu'il savait lire, écrire et compter. Remarque particulière: il savait diviser un nombre par neuf et faire une règle de trois simple!

M. Gautié devint secrétaire de mairie; il dut quitter souvent ses élèves et négliger ses devoirs professionnels au détriment de ses disciples.

Enfin la loi de 1833 réorganisa l'instruction primaire et le premier instituteur de Labastide, sorti de l'école normale, fut M. de Mages, dont les Bastidens ont conservé le meilleur souvenir; il resta 26 ans au milieu d'eux et y mourut en décembre 1870.

NEUVIÈME PARTIE

L'Empire et les marquis de Puylaroque

Le Consulat

La vie politique de notre commune ne nous est guère connue à partir du Directoire, des mains inconnues ont enlevé de la mairie les registres dans lesquels nous pourrions suivre pas à pas nos aïeux dans leurs luttes et leurs progrès.

Nous devons nous contenter de certaines pièces disséminées et sans suite; cependant, les écrits tant de l'histoire en général que des localités voisines, nous permettent de suppléer à de regrettables lacunes pour poursuivre notre labeur en toute assurance.

Comme nous l'avons déjà dit, les marquis de Puylaroque courbèrent docilement leurs têtes sous le torrent révolutionnaire; tant que dura la Convention, leur nom et leur signature furent Vignes, tout court, comme on les trouve aux archives.

Quand Napoléon eut fondé sa dynastie, les seigneurs de Labastide comprirent qu'il n'y avait plus à espérer un retour vers le passé, l'Empire ayant en quelque sorte consacré la légitimité des idées nouvelles. Ils acceptèrent l'Empire et ils administrèrent de nouveau la commune, de concert avec les consuls nommés par le peuple et le gouvernement. Jusqu'à la Restauration, ils signèrent: Vignes-Puylaroque. C'est sous ce nom qu'ils firent des démarches pour amener le gouvernement impérial à agrandir Labastide aux dépens de Corbarieu ; cet agrandissement fut fait par décret impérial du 8 octobre 1810.

Le plan cadastral fut terminé en 1812 et comprit une superficie de 2,063 hectares, 80 ares, 58 centiares.

La commune de Corbarieu fit remise à celle de Labastide des registres de l'état civil de Saint-Lyzier ou église du Claux et des documents intéressant la possession des terres et l'état des propriétaires, en égard aux impôts. Tous ces documents sont dans notre mairie.

Les de Vignes de Puylaroque

Nous avons fait connaître le rôle de la maison des de Vignes dans Labastide.

Nous l'avons vue à l'apogée de sa puissance, de sa fortune; il ne nous reste plus qu'à la suivre dans sa décadence et finalement dans sa ruine.

La Restauration (c'est ainsi qu'on nomme le gouvernement de Louis XVIII) permit à la noblesse d'espérer un retour aux privilèges du passé. Les seigneurs de Vignes furent reçus à la Cour du roi. Claude de Vignes fut nommé Garde du Corps; son costume et son épée sont dans leur maison de Labastide.

Ils furent donc de nouveau les marquis de Puylaroque et gouvernèrent la commune avec le titre de maire.

En 1820, le 3 juin, un arrêté du préfet du département nomma M. Philippe Vignes de Puylaroque, maire, en lui enjoignant de consigner, sur les registres de la mairie, le serment de fidélité au roi, d'obéissance à la charte constitutionnelle et aux lois du royaume, en remplacement de M. Fénié

En 1820, la loi électorale permettait aux riches seuls de prendre part au vote; les électeurs furent au nombre de quatre dans Labastide, savoir: Izarn Géraud, 342 fr. 68; Vigouroux André, bourgeois, 977 fr. 60; Brodeur François, 518 fr. 23; Vignes François-Régis 1,971 fr. 67.

Les hommes qui payaient plus de 300 francs d'impôts avaient le droit de parler, les autres devaient se taire; cela dura jusqu'à la Révolution de 1848 qui fit de nouveau de tous les citoyens des électeurs et des éligibles, sans condition de fortune.

Les marquis de Puylaroque ont, de tout temps, soutenu la royauté légitime; ils ont mis leur épée au service des Vendéens et pris une part active aux troubles du Midi,pendant la Terreur Blanche. N'est-ce pas là le secret des lacunes qu'on constate aux archives de notre mairie (La famille de Vignes etant toute puissante et les Bastidens, si actifs quelques années avant, n'étant plus rien alors ?...)

Quoi qu'il en soit, il y a deux familles opulentes et brillantes dans Labastide: 1° La famille des comtes de Lomagne, descendant de l'illustre famille des barons de Terride, alliée avec les marquis de Gensac, les ducs de Montmorency, les plus grandes familles de France, et apparentée aux princes de Béarn. Leurs terres et leur château du Claux furent vendus au marquis de Puylaroque en 1827.

2° La famille de Vignes de Puylaroque dont la fortune était immense, même après la Révolution.

Les événements politiques d'Espagne achevèrent la ruine de cette maison.

Les de Vignes prirent parti pour les Bourbons d'Espagne qui voulaient remonter sur le trône (1825).

Ils reçurent dans leur château d'Endoufielle (Gers) un grand nombre d'Espagnols qu'ils nourrirent à leurs frais.

Ils reçurent, dans leur château de Labastide, le comte de Montemolin (Don Carlos), héritier du trône d'Espagne. Ils le cachèrent pendant un certain temps, et lui fournirent des sommes considérables pour faire triompher sa cause.

Dom Carlos échoua et ne put payer sa dette de reconnaissance envers les de Vignes qu'en leur donnant une paire de pistolets sur lesquels étaient gravés le nom du donateur et le motif de la donation.

Plus tard (1832), le marquis de Puylaroque soutint la duchesse de Berry (mère du comte de Chambord, Henri, duc de Bordeaux), contre le gouvernement de Louis-Philippe; il la cacha, tantôt dans le château de Labastide, tantôt dans celui du Claux. De Labastide, la duchesse alla dans la Vendée. Le complot ne réussit pas.

Pour récompenser le marquis de son dévouement, elle lui fit don des forges de Bastia et d'une table ronde estimée dix mille francs qui se trouve dans la maison de la veuve Léopold de Puylaroque.

A la suite de tant de dépenses princières, la ruine des de Vignes fut complète.

Les restes de leurs biens, dans Labastide, furent expropriés en 1852 et vendus à divers.

Le château, le parc, le bosquet, jusqu'au ruisseau de la Mouline (Rieu tord) et Pichinot furent vendus à MM. Arnoult, Germain-Gustave et Egray Joseph-Marie, moines de Saint-Bruno, pour y installer un couvent de chartreuses. Ce monastère considérablement agrandi par les moinesses, entouré de longues et hautes murailles, a été évacué en **1903** à la suite de la loi de **1901** sur les associations. Actuellement il est encore leur propriété.

La famille de Vignes-de-Puylaroque est complètement éteinte dans la commune; le dernier rejeton, Léopold, était percepteur dans la localité en 1876; il était fils de M. Victor de Puylaroque et de Claire Bédel. Ainsi l'avant-dernier descendant d'une des plus vieilles noblesses de la contrée avait épousé une descendante des plus anciennes familles plébéïennes de la localité.

De ce mariage était né, en 1846, à Labastide, le percepteur, qu'une attitude politique imprudente fit révoquer de ses fonctions et qui alla mourir à Montauban, loin du village qu'il affectionnait et des nombreux amis qu'il y avait laissés.

Bien que marié à Mlle Berthe de Laurens de Lacenne, il est mort sans postérité.

La Vie communale

(SUITE)

La loi du 28 pluviose an VIII, avait déterminé les conditions dans lesquelles la vie communale serait exercée.

Notre Communauté compta dix conseillers municipaux, nommés par le sous-préfet de Castelsarrasin, sur une liste de notables ou d'hommes disposés à se courber sous l'autorité royale.

A partir de 1825, les archives de la mairie nous permettent de suivre à nouveau, et jusqu'à nos jours, la marche des affaires publiques.

Les maires furent tour à tour MM. de Puylaroque, Lescure, Brodeur, Vigouroux, Gautié jusqu'en 1870.

Les municipalités, jusqu'en 1848, remplirent le rôle de tribunaux de simple police et d'administrateurs. Les procès-verbaux qu'elles dressèrent dans la commune sont nombreux et sévères; ils témoignent qu'il y avait bien des consciences peu scrupuleuses.

Les jeunes gens de cette époque, comme on dit au théâtre, révaient gloire et combats; ils allaient d'un village à l'autre, les dimanches et jours de fête, et là ils se cassaient souvent la tête sans bien savoir pourquoi; là n'étaient pas même tous leurs méfaits si l'on en croit les restes de quelques vieilles légendes.

Nous laissons dans l'ombre des faits et des noms qui nous feraient mal juger, alors, comme dit le poète Jasmin, que nous avons fort bien lavé le tableau; que nous le rendrons encore plus beau, avec les années, par une éducation familiale et populaire bien soignées.

Les délibérations des conseils municipaux présentent, en général, un intérêt très ordinaire, matériel ou budgétaire; nulle part on n'y découvre une préoccupation morale, une pensée d'œuvre sociale pour l'avenir de la Communauté.

Comme chacun pense, nous ne parlons pas ici des tailles en général, attendu qu'on peut en connaître le montant, à partir de 1812, époque de la confection du cadastre, d'après les registres qui se trouvent aux archives de la mairie.

Nous allons simplement faire connaître deux budgets communaux pour que les lecteurs puissent suivre, sans fatigue, la marche des recettes et des dépenses à des époques différentes et instructives.

RECETTES *(en 1827)*

Intérêts des biens communaux	35 »
Centimes additionnels	570 »
Patentes	35 »
TOTAL	640 »

DÉPENSES *(en 1827)*

Administration	241 75
Salaire du garde	150 »
Supplément de traitement au desservant	200 »
Réparations au puits public	25 »
Fêtes publiques	15 »
Dépenses imprévues	8 25
TOTAL	640 »

DIX ANS APRÈS *(1837)*

Recettes générales	2.618 46
Dépenses totales	1.859 29
EXCÉDENT de Recettes	759 17

Avec ces faibles ressources, les municipalités faisaient des économies; elles étaient prévoyantes.

En 1836, on fit construire, sur le terrain où se trouve l'église actuelle, une salle de mairie et une remise pour le cheval du curé, 2,250 francs 24 centimes..

En 1855, on acheta la maison et le jardin Latreille pour en faire le presbytère actuel 6,000 fr. Le curé, M. de Latailhède, acheta, de ses deniers personnels, 1,000 francs un chai attenant au presbytère et en fit don à la commune pour en disposer après sa mort. Le conseil municipal accepta cette donation par délibération du 29 août 1856.

En 1858, l'ancien presbytère, où se trouve la mairie actuelle, fut refait en partie pour y installer la maison d'école et la salle de mairie; la dépense s'éleva à la somme de 4,444 fr. 87.

En 1859, le conseil municipal vendit le terrain communal qui était contigu au château de Labastide, aux Chartreuses, et priva ainsi les Bastidens de revenus qui auraient pu leur rendre d'importants services; le produit de cette vente ajouté aux 19,184 francs votés par le Conseil, aux libéralités de l'Etat et des particuliers donna une somme d'environ 60,000 francs, qui fut consacrée à la construction (1860) de l'église actuelle, de style roman, et ornée, depuis quelques années, de peintures de bon goût.

Le gouvernement impérial ne trouvait guère d'opposition dans les petites villes, encore moins dans les campagnes. Les Bastidens vénéraient le monarque aux pieds d'argile.

Le suffrage universel nommait les conseillers

municipaux, mais les municipalités (maires et adjoints) étaient nommées par le gouvernement; il fallait donc se soumettre ou se démettre.

Pendant toute la durée du second empire qui donna un grand essor au commerce et aux travaux publics, l'argent abondait.

Les ouvriers, les cultivateurs de cette période ne songèrent pas que les vaches grasses de l'Egypte durèrent peu de temps; leur confiance, leur aveuglement ne leur permirent pas de voir grossir l'orage qui montait des vapeurs de la Sprée et des Poudrières élevées sur ses bords.

La guerre franco-allemande fut une calamité pour la France qui est loin d'être guérie de ses blessures; nous nous en ressentons ici-même depuis lors, mais la mémoire des quelques années de prospérité dont nous venons de parler a laissé dans Labastide un souvenir vivace que les revers immérités de la Patrie n'ont pu effacer.

Comme nous venons de le voir, c'est pendant le second empire que notre commune répara ou fit à neuf nos principaux édifices publics; c'est à l'aurore de la troisième République que les Bastidens commencèrent l'embellissement de leur cité, ainsi que nous allons le dire.

DIXIÈME PARTIE

Progrès moraux et matériels

Situation économique et politique après 1870

Qui a vu Labastide avant 1870 se rappelle que son aspect était presque triste; une dizaine de maisons seulement paraissaient jouir d'une certaine aisance.

En 1872, le village a commencé de se transformer à son avantage; quarante-huit maisons ont été faites à neuf ou embellies; à l'heure actuelle, c'est une petite ville plutôt coquette.

Dans la campagne également, beaucoup de maisons ont été construites et d'autres améliorées.

On trouve, dans Labastide, à peu près tout ce qui est nécessaire pour les besoins de la vie.

La voie ferrée de Montauban à Castres, inaugurée le 11 décembre 1884, la met en communication avec Montauban en vingt minutes.

Avant les guerres de religion, il y avait un notariat qui fut supprimé après ces guerres car celles-ci ruinèrent entièrement le pays, comme nous l'avons déjà vu.

En 1861, M. Chanut Albert acheta le notariat

de Campsas et l'installa à Labastide. Il est géré à cette heure par Mᵉ Chanut fils.

Labastide est le siège d'une perception de troisième classe comprenant les communes de Labastide, d'Orgueil, de Nohic, de Campsas et de Bressols; d'un bureau de poste avec cabine téléphonique; d'une recette buraliste et d'un bureau de tabac.

Après la constitution de 1875, les partis politiques se sont nettement tranchés; les réactionnaires ont, de temps en temps, donné quelques sièges de conseillers municipaux aux républicains, mais ils n'ont pas voulu, jusqu'ici, leur accorder une entière confiance dans la gestion des affaires et des finances municipales.

L'idéal démocratique n'est pas assez puissant pour permettre aux électeurs de se discipliner volontairement pour faire appel à toutes les volontés sages et éclairées de la commune.

Ce qui manque à droite et à gauche c'est de savoir observer que nos intérêts sont communs, que nos charges sont communes, que le mal que font les divisions politiques retombe sur tous.

Il n'y a, dans Labastide, comme dans la plupart des communes, qu'un foyer intellectuel: l'Ecole; elle rend certes de grands services, mais, pour des causes diverses, les élèves la quittent de bonne heure; un certain nombre même, c'est triste à dire, ne la fréquentent pas du tout, grossissant ainsi le nombre des illettrés, pauvres hères sans direction ni boussole, qui seront exposés à chaque instant à se briser contre les écueils que les nécessités de la vie mettront sur leur route. Les parents semblent se trop désintéresser de l'avenir des enfants; ils n'accordent pas, en général, une collaboration suffisante aux efforts que font les instituteurs pour augmenter le goût de l'étude, et, par là, élever le niveau de notre état social.

Les éducateurs de l'enfance, pendant les longues soirées d'hiver, ouvrent les salles de classe à leurs anciens disciples, mais ceux-ci en profitent trop peu; ils préfèrent fréquenter les bals, les jeux bruyants qui les détournent de toute réflexion, de tout travail moralisateur; hélas! quelle triste semence pour l'avenir!...

« Quand la liberté et les lumières de la scien-
« ce augmentent les biens du corps, il est néces-
« saire que les vertus de l'âme soient en pro-
« grès ,ou il faut s'attendre à une décadence iné-
« vitable que les passions brutales doivent pré-
« cipiter. (Henri MARTIN.)

Si nos adultes allaient visiter la Suisse, ils seraient émerveillés de l'activité et des talents qu'ils observeraient chez les jeunes gens de ce pays. Quel contraste entre leurs habitudes et les nôtres! Tandis que nous nous croisons les bras sur la place publique, que nous perdons des heures précieuses et de l'argent dans les établissements publics, eux travaillent le bois qu'ils convertissent en objets d'art admirables; ils font des pièces d'horlogerie, des instruments de musique, etc., ce qui ne les empèche pas de s'amuser agréablement, et enfin de trouver des moments de loisir pour se délasser dans les bibliothèques communales, dans les sociétés de musique; pour s'exercer dans les champs de tir.

En quittant la Suisse, que nos jeunes concitoyens passent par l'Allemagne, et là d'autres spectacles s'offriront à leurs yeux; de vastes usines reçoivent une foule d'ouvriers qui dessinent, façonnent, polissent des métaux de toutes sortes, fabriquent des tissus, mettent en vente des produits de toute nature que les voyageurs allemands répandent dans le monde entier, cherchant à faire à la France, selon l'expression de Bismarck, un nouveau Sédan économique plus terrible que le premier. Ce pays, dont le sol est pauvre en somme, s'enrichit par le travail et l'industrie de ses enfants; noble exemple de ce que peut une nation qui comprend son rôle dans le monde, et qui, pour atteindre son but, multiplie ses foyers d'instruction, pourvoit ses musées, et ne laisse perdre, pour ainsi dire, aucune des forces qu'elle peut utiliser.

Pouvons-nous, sans blesser la modestie de personne, nommer quelques enfants de Labastide qui doivent à leur culture intellectuelle leurs premiers succès, la douce joie de tenir honorablement leur place dans la société?

MM. de Mages et Cambedouzou, professeurs distingués, l'un dans un lycée de Paris, l'autre au lycée de Bordeaux; Louis Richard, publiciste et romancier de talent qui a chanté, avec une grâce touchante, Labastide et les bords riants du Tarn dans l'un de ses romans: *Douce Margot;* Charles Capéran, négociant, maire de Montauban et député de Tarn-et-Garonne, né à Labastide le 12 novembre 1862; Gautié, directeur d'école à Montauban où il remplit ses devoirs d'éducateur avec talent et dévoûment; les fils Fayet dont l'aîné est vétérinaire en premier, le second ingénieur des mines, le troisième lieutenant de Spahis; Delbreil, Capgras, Bousquet, instituteurs; Lescure, Gayrard, deux jeunes prêtres; enfin une foule de sous-officiers et d'agriculteurs qui sont plus heureux que leurs pères parce qu'ils sont plus aptes à profiter des progrès scientifiques.

Nous devons constater que les idées de solidarité commencent à entrer dans nos mœurs par la pratique de la fraternité.

En 1878, M. Chanut, notaire, a fondé une société laïque de secours mutuels qui a déjà rendu de grands services à ses membres; elle compte plus de cent sociétaires et douze membres honoraires; elle a quatre mille francs en caisse.

Les époux Ferrié, instituteur et institutrice, ont fondé, en 1905, une Mutualité scolaire dite l'*Avenir;* elle se relie aux mutualités de la France comprenant environ quatre millions de membres. Cette mutualité a pour but d'apprendre aux enfants à se secourir mutuellement, à verser à la caisse des retraites pour la vieillesse; elle est très prospère malgré sa jeunesse; les pères de famille, sans esprit de parti, font entrer leurs enfants dans la mutualité scolaire; ils agissent sagement; on ne saurait trop les féliciter de leurs sentiments éclairés et prévoyants.

Il existe aussi une association de jeunes filles de l'école laïque, dite: la Pervenche. Elle a une bibliothèque qui grandira. Elle a déjà donné deux soirées théatrales au bénéfice des pauvres.

Nous souhaitons que cette association reste

unie, forte, généreuse; qu'elle continue de travailler pour elle, pour le public et surtout pour les deshérités de la fortune; nous espérons qu'elle n'y faillira pas, car le cœur des femmes est la ressource des faibles et des petits.

Nous devons mentionner enfin une Mutualité agricole fondée en 1905, pour venir en aide aux agriculteurs qui perdent leurs animaux par suite de maladie ou d'accidents; l'Etat lui a alloué, en 1906, une prime de six cents francs.

Gestion financière de 1870 à nos jours

On ne peut faire un pas dans le monde, a dit Mme Rolland, sans coudoyer un personnage brillant et sonore qu'on nomme l'argent; il nous guette au berceau et nous accompagne au cercueil; il a des exigences qui font le bonheur des uns, le désespoir des autres! Hélas, que de réflexions nous ferait faire l'argent si nous voulions énumérer les jouissances qu'il procure, les bassesses et les crimes qu'il enfante!

Contentons-nous de faire connaître avec impartialité la situation financière communale à laquelle nous avons collaboré, celle qui l'a suivie, laissant à chacun le soin de juger du bien ou du mal qui a pu, ou qui pourra en découler.

En 1873, le conseil municipal décida de construire un lavoir public sur une partie de fontaine donnée à la commune par un sieur Gautié; la dépense devait s'élever à mille francs pour faire un bassin, aplanir le communal et planter des ormes pour faire des étendoirs. M. le Maire sacrifia les intérêts communaux; il fit faire un procès que la commune perdit et les mille francs furent employés à payer les frais du procès.

En 1875, une épouvantable inondation de la Garonne jeta le deuil et la misère dans une foule de familles; les Bastidens ne furent pas insensibles aux souffrances de leurs voisins; ils donnèrent volontairement, pour les inondés, 923 francs en argent et 330 francs en provisions de toute nature. Ce fut un touchant exemple de solidarité humaine qui les honora.

En 1880, les classes de garçons regorgeaient d'élèves; il n'y avait pas la place suffisante, l'air était parfois irrespirable.

Certains membres du conseil municipal justement émus d'une situation aussi fâcheuse, décidèrent, de concert avec l'instituteur, en réunion privée, de proposer la construction d'une maison d'école nouvelle. Le Conseil aurait voté dix mille francs et l'Etat, à cette époque, aurait donné trente mille francs.

Avec le reliquat de la somme qui n'aurait pas été employée (environ dix mille francs), on aurait fondé un bureau de bienfaisance dont l'utilité serait grande aujourd'hui.

La question fut portée en séance publique en mai 1880; elle fut combattue par M. le Maire et quelques conseillers influents; et finalement elle fut rejetée.

Perte pour la commune, trente mille francs.

En 1882, l'école laïque de filles fut créée et le loyer de la maison d'école coûta 350 francs par an, soit 5,600 francs en seize ans.

En 1887, l'Administration des Postes créa un

bureau de quatrième classe à Labastide. La municipalité ne put fournir un local pour loger la receveuse et la Commune perdit les 350 francs que lui aurait payés l'Etat; elle dut consentir à payer un loyer à un tiers, d'où une perte pour la commune de sept cents francs par an, environ, pendant dix-huit ans, soit 12,600 francs.

En 1896, la municipalité jugea que l'heure de faire un groupe scolaire avait sonné. Dans une séance du 4 juillet, le Conseil vota à cet effet quatorze centimes additionnels, soit un emprunt de 37,716 francs 25 centimes remboursables en vingt-cinq annuités.

En 1905, le 30 juillet, le Conseil municipal délibéra qu'il y avait lieu de refaire à neuf la mairie qui avait été reconstruite en 1858, et d'y installer le bureau de Postes et Télégraphes; il vota, à cet effet, huit centimes additionnels, soit un emprunt de 25,862 francs remboursables en trente annuités. La dépense totale occasionnée par cette construction est de 32,000 francs environ.

En 1905, le 3 décembre, par un brouillard très épais, le Conseil municipal, jugeant sans doute que les Bastidens n'y voient pas assez clair, vota l'éclairage public de la cité par des lampes électriques, moyennant la somme minimum de trois cent soixante francs par an, pendant vingt-cinq ans.

(L'éclairage électrique a été inauguré le 19 mars 1907).

A cette dette écrasante pour notre faible population, il convient d'ajouter le montant des rôles à payer par les contribuables en 1907.

Propriété bâtie		2 046 07
Propriété non bâtie		15.981 10
Personnelle et mobilière		2.340 19
Portes et fenêtres		1.958 44
Patentes		1.418 10
1906	Chemins vicinaux	1.671 10
	Chevaux et voitures	477 75
	Vélocipèdes	144 10
	Billards	12 »
	Chiens	304 50
	Frais d'avertissement	34 40
	TOTAL GÉNÉRAL	26.387 75

Dépenses communales de 1907

Recettes	9.102 15	
Dépenses	9 102 15	9.102 15
Somme totale à payer par les contribuables, sauf rectifications en fin d'exercice		35.489 90

Relevons les Campagnes

Nous avons déjà dit que la prospérité et la tranquillité d'un simple village de province sont liées à la fortune de la Patrie; nous allons, si besoin est, justifier cette manière de voir.

Nous n'ignorons pas que notre voix sera trop faible pour faire retentir les échos, mais nous voyons tant d'infortunes imméritées qu'il nous est bien permis de parler de nos devoirs sans chercher à porter ombrage à ceux qui aiment surtout à proclamer leurs droits.

Quand le grand Colbert augmenta les aides pour diminuer les tailles, il y fut poussé par la misère des habitants des campagnes; heureusement les temps et les situations ont changé; mais pouvons-nous dire que les campagnards sont dans une aisance enviable? Ils n'abandonneraient pas si facilement leurs champs s'il en était ainsi.

Il y a donc des causes nombreuses de gêne, de malaise auxquelles il convient de remédier pour rétablir l'équilibre entre les salaires des travailleurs des villes et ceux des campagnes.

Il est nécessaire encore actuellement de diminuer les tailles et d'augmenter les aides...

Les aides aujourd'hui ne peuvent créer de nouvelles ressources; nous pensons qu'il faut avoir recours aux monopoles.

Malgré la répugnance que les doctrines collectivistes inspirent à beaucoup d'esprits, les mœurs et le temps nous forceront à les accepter si nous n'avisons pas aux moyens pratiques qu'il convient d'adopter pour donner satisfaction aux pauvres sans cependant apauvrir les riches.

Certes! dira maint *Garo*, que vient faire, dans l'histoire d'une Bastide, cette dissertation économique sur les monopoles!

On a fort mal placé cette citrouille-là!

Que les paysans se syndiquent donc; qu'ils s'efforcent de tirer parti de leurs denrées à leurs risques et périls: qu'ils ne comptent pas toujours sur l'Etat Providence! — C'est facile à dire, *Garo*, mais il y a des difficultés à la pratique. Les ouvriers des villes se voient dans les ateliers, dans les usines, se concertent, s'organisent. (A eux seuls ils occuperont bientôt tous les hommes d'État français); les ouvriers des champs se rencontrent le dimanche, quand leurs loisirs le leur permettent, car il faut sécher les foins, soigner les bestiaux, faire un tour dans les terres, aller voir des parents, des amis... On songera au syndicat un autre moment !

Un jour de semaine, on portera les produits de la ferme au marché de la ville voisine ; si on ne les vend pas, on rentrera sans argent, le front pensif ; si on les livre à vil prix, on aura la rage au cœur. Si une gelée, un orage, une intempérie quelconque détruit les espérances, que restera-t-il ?...

Qui n'habite pas la campagne ne peut comprendre tout ce qu'il y a de vaillance, d'endurance dans l'âme du paysan, c'est pourquoi, sous une autre forme, nous répétons qu'il faut féconder cette race robuste en la mettant à l'abri de toute inquiétude. Oui, l'Etat a le devoir, et plus tôt que trop tard, d'aborder la solution de ce problème social: *Les monopoles*, avant d'ouvrir toute grande la porte au collectivisme.

L'individualisme a sans doute de nombreux jours à couler encore; qui ne voit cependant se fonder de toutes parts des entreprises colossales, sortes de monopoles au bénéfice de quelques rares privilégiés de la fortune tandis qu'une foule de petits commerçants, d'industriels isolés se sentent débordés et finalement écrasés.

Pourquoi donc l'Etat ne prendrait-il pas à sa charge, dans l'intérêt public, certains monopoles sans toucher cependant à la liberté des citoyens, dans le but de favoriser, autant que possible, la repopulation des campagnes, en y répandant l'aisance, en facilitant la vente des produits agricoles à un prix rémunérateur qu'on règlerait annuellement en élevant ou en abaissant les prix selon la rareté ou l'abondance des récoltes. Craint-on de contrarier les intérêts de quelques puissants millionnaires? mais ceux de quelques millions de prolétaires paraissent au moins aussi respectables!

Que les capitalistes fassent fructifier leur argent dans des entreprises individuelles en France, collectives à l'étranger, rien de plus légitime, de plus profitable pour la nation; mais que *Monsieur tout le monde* pâtisse des privilèges de quelques-uns, cela paraît abusif et même dangereux pour l'avenir de la société française.

Evoluer et non révolutionner, aller au-devant des aspirations populaires plutôt que de les comprimer un jour pour les voir déborder le lendemain, tels sont les devoirs de *prévoyance*. Les grèves, les organisations syndicales (résurrection en quelque sorte des anciennes corporations) sont les manifestations d'un mécontentement qui peut, à un moment donné, devenir un volcan destructeur! Les campagnes sont tranquilles, dira-t-on. C'est juste, mais elles peuvent se réveiller brutalement énervées par le flot montant et boueux des impôts, par la mévente de leurs denrées, conséquence des agissements d'un commerce trop souvent déloyal, résultat aussi des découvertes chimiques appliquées sans scrupule à toutes sortes de produits alimentaires, sans assez d'égards pour la santé publique.

L'égoïsme, les jouissances mondaines de toute nature amortissent dans nos âmes les plus viriles qualités de notre vieille race française, loyauté, générosité.

Il y a donc quelque chose à faire: c'est de soutenir par tous les moyens la moralité publique qui semble sérieusement faiblir; c'est d'appliquer sévèrement et rigoureusement les lois, sauvegarde inéluctable de la tranquillité, du progrès et de l'avenir national; qui ne voit d'ailleurs que toute faiblesse semble un encouragement à l'indiscipline en attendant peut-être que ce soit de la révolte; si elle n'a pas déjà éclaté, c'est sûrement plutôt par le bon sens de la généralité des Français que par la faute de quelques audacieux agitateurs plus habiles à fomenter le désordre dont ils espèrent profiter qu'à manier un outil trop pesant pour leurs mains paresseuses. A chacun la liberté dont il est digne. A chacun le pain qu'il gagne! Une seule pensée devrait tenir lieu de code dans le cœur humain: *Amour de la Justice!*

C'est juste et prudent d'accorder aux travailleurs une part légitime aux bénéfices qu'ils produisent et non de mettre des impôts sur tous leurs produits.

Ce qu'il y a lieu de faire encore, c'est de favoriser toutes les entreprises commerciales et industrielles honnêtes à l'instar de l'Angleterre et de l'Allemagne, ne serait-ce que pour éviter l'exode des capitaux français à l'étranger; c'est d'arrêter la mévente des terres, richesse nationale incomparable, en encourageant les agriculteurs, non seulement par quelques médailles distribuées dans les comices agricoles, mais surtout en facilitant les contrats de vente par l'abaissement des droits d'enregistrement, en faisant connaître aux paysans les avantages que peuvent procurer les Warrants agricoles; c'est enfin, et surtout, de voir l'exemple de la dignité, de la probité descendre du haut des sphères gouvernementale, parlementaire et administrative dans les masses populaires; c'est...

Budget de famine d'un ménage d'ouvriers paysans à Labastide Saint-Pierre (T^{rn}-&-G^{ne})

La commune comptait, d'après le recensement officiel de 1882, 1,127 habitants; elle payait, pour les quatre contributions directes seulement, 21,256 francs, 12 centimes, plus un budget communal de 6,000 francs environ. D'après le recensement officiel de 1906, elle ne compte plus que 868 habitants; elle paie, pour les quatre contributions directes (1907), 23,778 francs 30 centimes, plus un budget communal de 9,000 francs environ.

Voilà donc une population qui compte 259 membres de moins qu'en 1882 et qui paie 6,000 francs d'impôts de plus.

Toutes les taxes réunies pour 1907, chemins, chevaux, chiens, etc., donnent une somme de 35.488 fr. 66 centimes...

N'est-il pas permis de pousser ce cri d'alarme: *Veut-on notre ruine?*

C'est sur ce dernier chiffre que nous allons faire l'exposé de la misère à laquelle est condamné un ménage d'ouvriers campagnards sans fortune mobilière et immobilière.

Les statistiques officielles nous apprennent qu'on peut diviser la population en trois parties à peu près égales, un tiers pour les enfants, soit, dans Labastide, 288 enfants; un tiers pour les adultes, un tiers pour les vieillards en y comprenant les femmes en état de grossesse ou nourrices.

Il résulte de cela que deux adultes, homme et femme, qui peuvent travailler, ont à leur charge en moyenne deux enfants et deux vieillards qui consomment et pourtant produisent peu ou rien; cela fait six personnes. Si nous évaluons la dépense journalière d'un individu, pour frais de nourriture et d'entretien: vêtement, linge, chaussures, etc., à un franc, nous aurons une dépense totale de six fois 365 francs, soit 2,190 francs; à cette dépense, il convient d'ajouter le montant des impôts.

Comment le ménage fera-t-il pour équilibrer son budget? Un homme, ici, gagne, en moyenne, 2 francs par jour, une femme gagne 1 franc, à eux deux ils gagnent trois francs. Si nous admettons, ce qui est improbable, que le travail soit assuré pour tous les jours de l'année, dimanches et jours fériés exceptés, nos adultes gagneront à eux deux 900 francs.

Dépenses annuelles.............	2.436 45
Recettes annuelles	900 »

Et voilà pourquoi, dirait Molière, votre fille est muette?...

Hélas! notre paysanne dit: « Voilà la raison principale de l'émigration de la population des campagnes. »

Si un ménage de deux adultes, avec deux enfants et deux vieillards a moins de douze hectares de bonnes terres labourables, libres d'hypothèques, il est fatalement condamné à abandonner ses champs, à chercher une place, si précaire soit-elle, parmi les fonctionnaires de l'Etat ou à vivre de privations de toutes sortes.

Il est temps que les charges fiscales ne retombent pas lourdement sur ceux qui ont un peu de bien au soleil; on sait ce qu'il faut faire pour cela, il suffit de vouloir.

Sans doute, on ne doit pas ruiner le marché financier, c'est pourquoi notre ménagère fait les réflexions que voici: Quand l'Etat a eu un pressant besoin d'argent, il a établi des monopoles sur les poudres, les allumettes, le tabac, etc.; il ne paraît pas s'en être mal trouvé.

Parlons du monopole sur le tabac, cette consommation de luxe par excellence; les paysans le cultivent et le cèdent à l'Etat qui le prépare et le vend.

Les paysans qui soignent bien vendent à un prix plus rémunérateur que ceux qui soignent mal; il y a donc initiative de bons soins, de bons procédés. Pourquoi l'Etat ne prendrait-il pas les monopoles de l'alcool et du sucre, autres consommations de luxe pour la première, presque de luxe pour la seconde. Les paysans cultiveraient leurs vignes, leurs pommiers, leurs betteraves, etc., selon leurs aptitudes, et cèderaient à l'Etat les produits qu'ils voudraient et qui leur seraient payés proportionnellement à leur valeur industrielle. L'Etat, industriel, honnête et probe en somme, donnerait un alcool convenable aux amateurs d'apéritifs qui sont légion et ont de l'argent de reste; ceux qui en manqueraient d'ailleurs n'auraient qu'à imiter les paysans, à remplacer les absinthes par quelques verres d'eau; ils s'en porteraient peut-être mieux.

Si, à ces monopoles, on ajoutait ceux des voies ferrées et des mines, dont le fond appartient à l'Etat, on trouverait là des centaines de millions qui suffiraient à payer les trois quarts des dépenses nationales; le reste se trouverait facilement, et la tranquillité et la prospérité de la France seraient assurées pour plus d'un siècle!

On pourrait, ce semble, faire quelques économies; et puisque les fronts s'élargissent par l'instruction, que les têtes se nivellent par la liberté, on pourrait également niveler un peu les appétits.

Nous savons bien que toutes ces choses ne vont pas sans inconvénients, sans protestations véhémentes, mais il faut convenir que les Gargantua à qui l'Etat fournit tous les ans pour cent mille francs et plus de victuailles arrosées de champagne, pourraient bien se passer de quelques chapons truffés pour permettre aux petits ventres de se satisfaire avec autre chose que des châtaignes et des pommes de terre arrosées d'eau claire.

Demander un sérieux travail aux fonctionnaires, leur servir un bon traitement et pour cela en diminuer le nombre, serait une sage mesure.

En 1905, le gouvernement français est entré dans cette voie; il a, d'un seul coup, supprimé quarante mille professeurs de sciences morales et politiques. (La politique était de trop, nous souhaitons que la morale ne se trouve pas en moins.) Quoi qu'il en soit, les héritiers des vertus et des talents des Saint-Vincent de Paul, des Fénelon, des Bossuet n'émargeront plus au budget de la patrie; celle-ci, malgré cela, ne sera pas au bout de ses peines; il lui reste à remplir des tâches autrement importantes !...

Que la République nous débarrasse surtout des innombrables professeurs d'immoralité, pornographes de toute nature qui empoisonnent l'esprit et le cœur de la jeunesse, qui remplissent les vitrines de nos grandes et de nos petites Babylones de viscères, de détritus humains à un sou la pelletée; qu'elle mette la main au collet des fraudeurs, des voleurs de toute espèce, elle donnera au monde le plus beau des spectacles.

Elle attachera, pour l'avenir, deux gloires impérissables à son front: la première sera d'avoir dépassé en grandeur la puissante république romaine; la seconde, plus brillante encore, sera d'avoir évité sa décadence.

ONZIÈME PARTIE

AGRICULTURE

Progrès agricoles

Notre population est essentiellement agricole; elle est, en majorité, disséminée dans la campagne (521 habitants), (347 dans le bourg).

Nous avons fait de grands progrès en agriculture. Beaucoup de bois ont été arrachés et remplacés par des vignes.

Il y a peu de friches dans la commune malgré sa grande étendue.

Nos cultivateurs sont vaillants, sobres et économes; ils remuent fréquemment le sol, mais trop superficiellement.

Nos terres, en général, sauf sur les bords du Tarn, sont d'une fertilité très ordinaire, mais, avec de la chaux, des engrais et des *labours profonds,* elles ne sont pas trop ingrates.

Notre instruction professionnelle est à peu près nulle; les livres et les journaux d'agriculture n'ont pas de place à nos foyers; heureusement qu'ici, comme partout, il y a ce qu'on nomme des pionniers, c'est-à-dire des hommes intelligents et hardis qui donnent l'exemple du progrès en pratiquant quelques innovations prudentes mais heureuses.

Certains cultivateurs emploient les chaux grasses très judicieusement, les résultats qu'ils obtiennent ne manquent pas d'impressionner leurs concitoyens favorablement, mais les chaux du commerce coûtent cher, ce qui ne permet pas d'en faire un grand usage.

Il est fâcheux de constater que notre instruction agricole ne nous permet pas de connaître, par l'analyse, les matières qui entrent dans la composition de nos terres, ni de savoir fouiller dans les sous-sols où nous trouverions, en abondance, les éléments qui manquent à certains sols.

Les gisements de sables et de marnes calcaires sont nombreux et riches dans la commune, il n'y aurait qu'à savoir les utiliser, ce qu'on apprendra sans doute avec le temps, et alors la chaux sera à la portée de tous.

Le professeur départemental d'agriculture pourrait donner d'utiles conseils à ce sujet.

Nous ne pouvons pas dire aux hommes qui raisonnent et comprennent de revenir en classe mais peut-être y aurait-il avantage à mettre un champ d'expériences agricoles à la portée de l'école et ce champ permettrait à bien des personnes de lire avantageusement dans le grand livre de la nature.

Il y a une cause de gêne parfois dans les familles, tout au moins d'insuccès qui tient à notre égoïsme, à notre jalousie, c'est le soin avec lequel nous nous refusons à nous entr'aider pour notre bien commun.

Nous n'ignorons pas que si nous pouvions remuer nos terres jusqu'à une profondeur d'environ soixante centimètres, elles resteraient souples et fraîches pendant les fortes chaleurs de l'été; qu'elles produiraient abondamment parce que les racines des plantes se développeraient à l'aise; nous n'en cherchons pas les moyens pourtant à notre portée. Nous proposons ce système jusqu'au jour prochain où l'électricité permettra de décupler nos forces à bon marché.

Quatre, cinq voisins, qui, avec une paire de labour chacun, ne peuvent que gratter le sol à une profondeur de 20 à 30 centimètres doivent mettre leurs attelages en commun; deux paires de bœufs font, avec une charrue à large versoir, un premier sillon de 25 à 30 centimètres; deux ou trois paires de bœufs, avec une charrue fouilleuse munie d'avant-train, creusent un second sillon dans le premier et la terre se trouve ainsi travaillée à une profondeur bien suffisante.

Les cultivateurs vont tantôt chez l'un, tantôt chez l'autre, et se rendent travail pour travail, sans bourse délier..

Nous ne remarquons pas avec assez de soin que nos terres s'épuisent, qu'il y a donc nécessité, plus que jamais, de faire des défoncements, de fumer abondamment, de varier les cultures et enfin de modifier les assolements selon les besoins.

Nous connaissons bien des propriétaires qui se plaignent de la médiocrité de leurs récoltes et qui ne se rendent pas compte de leurs errements. Il est nécessaire pourtant de faire des cultures intensives; mais pour réussir il faut connaître un peu de chimie agricole; que nos concitoyens se donnent la peine de lire des livres d'agriculture et aussi d'aller assister aux leçons que font les professeurs d'agriculture. En un mot, soyons modestes, songeons qu'il y a des hommes qui en savent plus que nous, tâchons de profiter de leurs conseils et surtout de leurs exemples quand les résultats doivent augmenter nos revenus et notre bien être sérieusement atteints, actuellement, par la crise viticole.

Nous ne faisons pas un traité d'agriculture, mais si nous pouvons être utile en faisant connaître ce qui se pratique de bien dans d'autres pays, nous aurons apporté notre pierre à l'édifice social.

Une de nos grandes ressources, c'est le vin; nous en faisons de bon, mais nous pourrions en faire de bien meilleur par les méthodes employées en Bourgogne et dans le Médoc par exemple, comme vinification surtout.

Nous devrions planter nos rayons de vigne à trois mètres au moins l'un de l'autre pour qu'une paire de labour puisse aisément passer entre.

Nous devrions réserver une bande de terre d'un mètre entre les rayons dans laquelle nous sèmerions une plante fourragère à grandes feuilles: lupins, vesces, maïs, etc., qui prennent une grande quantité d'azote dans l'air sans compter le carbone et ses dérivés, ses composés avec l'oxygène.

En pleine floraison, nous passerions un rouleau sur ces plantes et nous les enfouirions par un labour; ainsi, et à l'aide d'un peu d'engrais potassique, si c'était utile, nous fertiliserions nos vignes à peu de frais.

La vigne devrait être soutenue sur fils de fer et taillée en cordon double; cette taille est facile et permet de renouveler le vieux bois tout en donnant avec abondance.

Les soufrages les sulfatages doivent être pratiqués avant l'apparition des maladies cryptogamiques qui sont surtout redoutables dans les années chaudes et humides. Pour éviter des dépenses inutiles, les propriétaires ne doivent pas ignorer que les résultats qu'on obtient par les traitements qu'on fait subir aux vignes sont proportionnels, non à la quantité des matières employées, mais à leur valeur chimique et à l'heure propice où on les répand.

On fabrique des instruments qui permettent de se rendre compte de l'état hygrométrique de l'air; ces instruments devraient avoir leur place dans toutes les maisons, ou au moins dans toutes les mairies pour donner l'éveil aux propriétaires; ceux-ci, à défaut d'hygromètres peuvent broyer du sel de cuisine et l'exposer dans une assiette à un endroit convenable; ils constateront bientôt que l'air est saturé de vapeur d'eau si le sel semble avoir été mouillé; s'il est sec, les maladies cryptogamiques sont peu à redouter, quelques petites précautions suffisent. Expérience et sain jugement sont surtout recommandables en agriculture.

Nous plantons encore nos vignes à la fortune du hasard; dans certaines il y a toutes sortes de cépages distribués un peu confusément; aussi dans les années défavorables, nous avons des récoltes très médiocres.

Si nous voulions mieux faire, nous aurions le

soin de mettre ensemble les plants de même qualité.

Supposons que nous voulons planter une vigne de soixante rayons avec six cépages différents; nous mettrons:

1° Dix rayons de pinaud de Bourgogne;

2° Dix rayons de gamai fréau ou autre;

3° Dix rayons de cabernet;

4° Dix rayons de mauzac rose ou blanc;

5° Dix rayons de bordelais ou de folle noire, ou de milgranet;

6° Dix rayons de teinturier de Bourgogne.

Nous pourrions, en continuant ainsi, mettre les plans qui nous conviendraient.

Voyons les avantages que nous aurions à procéder de cette manière?

1° Nous pourrions tailler chaque plant selon ses aptitudes et éviter l'hybridation;

2° Nous pourrions surveiller plus facilement les sujets et donner des soins particuliers aux plus délicats;

3° Nous pourrions ramasser les raisins quand la maturité nous paraîtrait convenable; les premiers ceux qui pourriraient, ou presseraient plus que d'autres;

4° Nous pourrions faire le vin comme il nous conviendrait en mélangeant les raisins dans nos cuves dans les proportions voulues et calculées. Au préalable, quelques kilos de raisins choisis, de qualités diverses, mis en fermentation dans de petits vases pourraient servir d'expériences. Les liqueurs obtenues seraient soigneusement étiquetées et nous fixeraient sur les opérations à faire en grand. Nous pourrions avoir des vins passant de la couleur rouge sombre à celle des vins blancs de belle couleur vermeille, selon les goûts des consommateurs dont il faut tenir compte.

Les cépages que nous cultivons donnent, en général, des vins faibles en alcool, nous avons trop recherché les vignes à gros rendements; il convient donc de ne planter, à l'avenir, que des cépages de premier choix aux fruits mûrissant en août et septembre donnant une liqueur bien sucrée et délicate.

Enfin nous ne devons pas oublier que les raisins non mûrs, ceux qui sont avariés, pourris, secs, etc., introduisent dans les vins les ferments dont a parlé Pasteur; ces ferments sont autant de germes qui détériorent les meilleurs produits dès qu'une cause en provoque le développement, pendant ou après la vinification.

Les Plantes fourragères

Les prairies permanentes ou naturelles sont assez rares ici et ne donnent qu'une coupe par an; il convient donc de cultiver avec soin les plantes fourragères dites artificielles; elles sont nombreuses; celle qu'on cultive avec le plus de soin et de succès est la luzerne, dite sainfoin, qui donne trois et quatre coupes par an.

Parmi les plantes fourragères, deux méritent de retenir particulièrement notre attention, ce sont les trèfles et l'esparcette appelée sainfoin en botanique. Toutes ont une racine petite, pivotante, tandis qu'elles poussent des tiges nombreuses, fortes et feuillues dans les terres qui leur conviennent.

Ces légumineuses prennent dans l'air une grande quantité d'azote et de carbone; elles demandent relativement peu au sol sur lequel elles vivent, elles sont même aptes à améliorer les terrains qui les portent, il faut, pour cela, dans nos plaines argilo-siliceuses, marner ou chauler les champs où l'on veut les semer, un an à l'avance.

Ces plantes donnent deux coupes par an et puis de bons pâturages pour les bestiaux.

Dans l'année où l'on veut les détruire, on enfouit la seconde coupe par un profond labour; cette opération vaut une fumure.

Nous marchons lentement en agriculture; nous n'avons pas la pensée de semer quelques graines de plantes fourragères telles que raygrass, trèfle, avoine, épautre etc., dans les chaumes préalablement labourés, ou ailleurs; ces plantes fourniraient une nourriture saine et abondante pendant l'automne et le printemps. Nos pâtres comme au bon vieux temps, promènent leurs troupeaux dans des chaumes, dans des guérets où ils ne trouvent rien, et le long des routes où ils trouvent fort peu de chose, heureux encore quand ils n'y trouvent aucun mal.

Nous n'avons pas eu l'occasion de remarquer qu'on donne, au moins de temps en temps, quand les animaux manquent d'appétit, un peu de sel aux ruminants, bœufs moutons, et volailles; quelques panais ou carottes aux chevaux; il y aurait pourtant grand avantage à agir ainsi.

Nos instruments agricoles sont imparfaits et

insuffisants; les hâche-paille, les coupe-racines font défaut; cependant nous ne devrions pas ignorer que les pailles, les fourrages trop longs et trop grossiers sont difficiles à mâcher, à digérer, nourrissent mal. Les racines mal coupées peuvent occasionner des accidents quand les bêtes les mangent gloutonnement; cela changera sûrement quand les agriculteurs y réfléchiront bien.

Nous avons fait pourtant de grands progrès; les animaux sont bien nourris, bien traités et logés, en général, dans des étables d'où disparaissent les araignées et où entrent l'air et la lumière.

Le bétail, actuellement, fournit le meilleur de nos revenus, et l'Amérique ne nous vaincra pas sur ce point.

En résumé faisons des labours profonds; faisons beaucoup de fourrages artificiels; fumons, chaulons nos terres abondamment; cultivons soigneusement les plantes qui donnent des racines comestibles telles que panais, betteraves, navets rutabaga; celles qui donnent des tubercules: pommes de terre, topinambours; sélectionnons nos divers animaux domestiques avec une vigilance louable, l'avenir récompensera nos efforts.

Que nos lecteurs nous fassent confiance et nous permettent d'insister sur les avantages d'une sélection rigoureuse et tenace susceptible de donner les meilleurs résultats.

Nous sommes heureux de pouvoir dire que la sélection des animaux est entrée dans la pratique depuis longtemps; l'on ne garde plus, comme reproducteurs que les sujets les plus beaux, aussi l'amélioration des races en général a fait des progrès satisfaisants.

Pourquoi nos agriculteurs ne prendraient-ils pas les mêmes précautions pour sélectionner les semences des céréales et d'autres plantes qui se trouveraient bien d'un tel soin ? Sans doute nos fermiers ont le bon goût de varier les semences, de les passer au crible, de les purger des graines étrangères ou nuisibles, mais cela ne suffit pas; il n'est pas rare de voir dans les champs de blé des épis de toutes les espèces: barbus, non barbus, des roux, des blancs, des bruns, etc.; il y en a qui donnent de beaux grains aux fines farines, tandis que d'autres donnent des grains médiocres; il est donc utile d'étudier pour arriver à connaître les belles espèces et à les perfectionner encore pour obtenir des rendements remarquables.

Nous ne saurions mieux faire, pensons-nous, que de recommander la méthode employée en Angleterre, principalement à Taganrock, et qui donne des résultats pour ainsi dire merveilleux: à la veille de la moisson, on passe dans les blés, on coupe les épis de choix et de même espèce avec des ciseaux et on les met en bottes; dans ces bottes, on ne conserve que les grains du milieu des épis et on a ainsi une semence pure que l'on sème en automne dans des champs bien préparés; l'année suivante, on a assez de semence pour doter la propriété de qualités supérieures.

En procédant ainsi de temps à autre, on empêche l'hybridation et quand les années sont favorables les rendements tiennent pour ainsi dire du prodige.

L'agriculture est la plus noble et la plus utile

des professions; elle peut devenir la plus indépendante et la plus lucrative si elle n'est pas routinière.

L'agriculteur n'est plus astreint aux rudes travaux qu'il faisait il y a cinquante ans; la moisson se faisait à la faucille, demandait de longues et dures fatigues; elle se fait actuellement à la faux ou mieux avec des moissonneuses traînées par des animaux domestiques, ce qui est très avantageux quand on a eu soin de disposer les terres pour cette opération. Le battage se faisait au fléau, durait des mois par des temps variables ou pluvieux; il fallait attendre les beaux jours et griller alors sous un soleil de feu. Dans certaines contrées de la France on bat les gerbes dans les granges pendant l'hiver.

Vers 1850, on a commencé à battre avec des rouleaux de pierre traînés par des animaux; enfin, vers 1860, on est arrivé à battre à l'aide de la vapeur.

Les machines aujourd'hui très perfectionnées font un travail immense en quelques heures, mettent la paille en meule, trient le grain propre à monter au grenier.

Le battage à la vapeur n'a qu'un inconvénient; il demande un nombreux personnel, mais les parents, les voisins, les amis vont de chez l'un chez l'autre, une fourche sur l'épaule; ils se prêtent la main gratuitement; quand le travail est fini, un bon dîner commence: Bouillon de bœuf, poulardes rôties arrosées de bon vin, café et chants joyeux. (Henri le Béarnais, toi qui rêvais le plaisir de voir le paysan mettre une poule au pot tous les dimanches, sors du tombeau, et avec ton grand rire gascon, tu jouiras de voir qu'un jour de semaine il y en met deux! De ton temps il n'y avait que les rois qui dînaient ainsi!)

Bravo! robustes et fiers travailleurs; mettez vos bras en commun toutes les fois que vos intérêts le commanderont et en vidant vos verres, dites avec le poète Florian: « Notre philosophie « doit être de jouir d'une si courte vie, d'y cher- « cher le plaisir, qui s'en passe est bien fou! »

Reposez-vous à l'ombre de vos grands chênes; rêvez au doux murmure de l'onde de vos ruisselets, à côté de vos femmes, de vos filles aux charmes preneurs et délicieux; respirez l'air pur et vivifiant de vos vignes, de vos prairies; goûtez les joies d'une belle famille; vieillissez dans vos chastes demeures que le soleil du midi réchauffe et réconforte; puis enfin quittez cette terre où vous aurez vécu en sages, l'âme tranquille, le cœur pur.

COUTUMES DE CORBARIEU

In nomine domini nostri Jeshu Christi, Amen. Conoguda causa sia als presens et als endevenedors que aquesta presen carta veyran ny auziran legi que la universitat dels hommes del castel de Corbario et de la honor, soes Asaber : En Bertran Amaneus, en Ramon Lunel, en W. Ramon de Mailhac, en Bertrand de Squibat, donzel del castel, en Ramon de la Martinia, en Ramon de M'onbeto, en P. de Parlhac, en B. Estuis, en G. Floris, en G. Sicart, en Grimaut Salvanh, en Bernard de Compayra, en G. de las Bordas, en B. Dortiguieras, en E. de las Bordas, en mahestre Acuro, en B. Faure, en Johan Faure, en B. Capel, en Helias de Lavaur, en Aymar Despinet, en G. Ruffel, en P. de la Trena, en P. de Lavaur, en maestre Uzart, en Gasbert de Balgilada, en Arnaut de Lavit, en Guilhem Gastos, en R. Boers, en Pons de Lanor, en R. de Boygas, en Helias Chambert, en G. Domenc, en Guilhem Lombart, en Guilhem Ricart, en Guilhem del Vernet, en Coli lo Norman, en Arnald Duc, en Dani, en P. Despinet, en Guihem de Moysac, en Guilhem de Pinguel, en Johan Monto, en Huc Dorsetat, en B. de Belcasses, en Arnaud de Campando, en Simio lo Norman, en Thomas Panel, en Peyre Delprat, en D. Teulier, en P. R. Pontenier, en R. G. Massial, en P. de Monluso, en R. de Surro, en P. de Campeyra, en Raoli de la Gitardia, per lors meteisses et per totz lors successors et per totz los habitans del dig castel et de la honor, requeregio et soplegero a maestre Vincens de Rabastens e nom et per nom del noble baro Monsenhor Sicart Alaman et Tardiu de Corbariu, et an G. de Montpezat, et an Grimaut de Corbariu, et an G.

de Corbariu filh del senhor P. Guilhem de Corbariu, per nom de lui, leial senhor del dig castel et de la honor, que il lor doneso et lor autreiesso las costumas et las franquesas sotz escriotas ;lasquals costumas et franquesas vistas et entendudas et diligemen regardas, lodig maestre Vincens per lo davandig monsenhor Sicart Alaman e en nom de lui, e B. de Corbariu per si e per lo sobredich P. Guilhem de Corbariu, son payre en nom de lui, e Tardius de Corbariu per si, en G. de Montpezat, per si et per en B de Corbariu, so frayre, en Grimaut de Corbariu per si, tug essems a ayssi, com sobredit es, donero et autreiero lasdichas costumas, ayssi com sotz scrieutas so, a la universitat sobre dicha e a totz los habitans del dig castel et de la honor adaquels que aras ysso ny per avant ysseran, permetens que ilh las lor tendran et las lor faran tener fermes et durablas per tos temps et que encontra no vendran per lor meteissas ny per neguna autra personna, et aqui meteys tug ly sobrescriut de la universitat sobredicha, donzel et barna (1), per lor et per totz los habitans del dig castel et de la honor presens et endevenedors, volgro, lauzero, resevero et hacseptero totas las dichas costumas e senglas, ayssi com sotz escriutas so, promettens, jurans, las IIII S. Evangels de Deu tocats de los mas corporalmen, que il las tendran et las gardaran et las servaran e encontra no venran, ny venir no faran, ans las tendran fermas et durablas per tos temps leialmen a bona fe.

La tenor de las dichas costumas e franquesas assi co sotz escriutas so aytals.

In nomine Domini nostri Jesus Christi, Amen. Aysso so las costumas dadas per los senhors de Corbario et en nom de lor a la universitat del dig loc et de la honor sobredicha.

En comensamen volgro, establiro et ordonero ly senhor sobredich, so es assaber, maestre Vincens de Rabastenx, per lo davandig mossenhor Sicart Alaman et en nom de lui, e en Bertrand de Corbariu, per si meteis et per lo sobredich senhor en Guillaume de Corbariu so payre, en Tardius de Corbariu, per si, e G. de Montpezat, per en Bertran so frayre, e en Guiraud de Corbariu per si.

(1) Baron.

Et si alquns hom o alcuna femna del castel sobredich ni de la honor moria ses testament, que tug li serve sia de las plus propedas parens que auria ; et si parens aqui non abia, que fosson esperat hun an et hun mes ; et si hom ni fenna daquel linagge i paria a qui per dreg daguesso tornar, aquel be que fosse seu ; et si no paria dis lo temps sobre dig, que la mitat de totz los bes d'aquel o d'aquela fos donada per amor de Diou per l'arma del mort o de la morta e a conoguda dels senhors et del capitol et del capela ; et que los bes del mort o de la morta sian gardats fealement a conoguda dels senhors o de lors bayles et del capitol, e lautre maytat que fos als senhors, et aysso es entendut de tot home et de tota femna que senhor non aja, pagats prumieramen sos deutes et sas baratas (1).

Et que totz hom que sia d'etat de XIII ans et tota femna que sia d'etat de XII ans del castel sobre dig, que senhor non aja, posca far testament de sos bes a tota sa voluntat ; et si dela predicha etat non era que remazes als plus propdas parens que auria et que des lo tiers per amor de Diu ; et si parent o parenta no y avia, que fos en ayssi co de sobres es dig de la causas del mort o de la morta ; et totz hom et tota femna, que senhor aja, posca far testament de las doas parts de tots sos bes, sos lo casalage dels senhors, et la tersa que sia al senhor de qui hom o femna seria ; se heret non avia que fos daquel sehnorat, paguats totz sos deutes et sa baratas et so fourniments (2) ; et si moria ses testamen et heretier no y avia, que fos los ters de totas sas causas quel mortz auria donat per amor de Diu et las doas parts al senhor de qui lo mortz o la morta seria.

Et totz hom et tota femna posca venir franc el estar franc al castel de Corbariu siaga estagas estats del castel o onor et sen posca anar ab totz sas causas sals et segus tot franquament, pagats sos deuttes et sas baratas, et si y esta franc II ans sal dots et de gacha e quel senhel el comunal lo fassa gidar una legua vas qualque part se veilha, sal et rettengut daquels que aras y estan que senhor y an. Et aquels et aquelas que senhor y an lo senhor li aia questa

(1) Fraude, engagement, embarras.

(2) Sépultures.

sobre lor a sa voluntat a bona fe que terra tenga del senhor se no la tenia a feus, et si volia la terra layssar al senhor que passes ab V sols de cahors coma li autre et ab II jornals ; e aquels que no teno passo ab los senhor de qui seran ab V sols de Cahors et ab II jornals lan ; et femna passe ab II sols de Cahors et ab II jornals ; e daqui avan lo senhor de qui lom o la femna seria nol posca re demandar outra sa voluntat, et si ho fazia que li autre senhor del dig castel hel capitol len avidesso.

Et tota femna que senhor y aia et prenga marit quel senhor la absolves de qui femna seria de X sols de Cahors entro an XX segon que son poder seria, se heretiera non eria dels bes del payre o de la maire, sel payre o la maire era daquel senhorat que la femna seria et si non era quel senhor la absolves, (et aquel que penria la heretiera a molher fazes V sols de Cahors al senhor et II jornals si terra non. tenia, et si terra non tenia casalatie quel servis a voluntat et bonafe.

Et totz hom et tota femna del castel sobredig que tengua feus de senhor ny dautre ad oblias ni d'accaptes posca se vendre o empenhar et far sa voluntat ; et tot home de clergue o de cavalier o de maio dordre en foro e quel senhor li lauza el dia a lendoma que sera requerogut pel vendedor el retengua lo dia o lendoma XII deniers, meis que aquel quel volra crompar et quel feyzes aytal paga cum lavandig crompador li auria en covens, et si non o fazia que la. prumera venda sos ferma.

Et totz hom que sia del castel sobredig ni de la honor que posca passar en totz locz, cans, bosc, o plas ad tot sas bestias de qualque pel que sia, que la nog torne a mayo me paieran sal bestial boynas de lasquals pot tener totz hom aquelas quel auran obs a son laborar e may X bestias ab lor noyam (1), sal que aquelas X bestias no devo metre als pastencs duels buos laboradors, sinon ho fazien ab voluntat del capitol, et abeura et totas sas aigas ses malafacha que no fassan, sallas drechuras dels senhors que an els homes del Fau, franquamen, so es assaber de galinas et de sivada ; et poscan taillar fusta o far taillar a lo

(1) Suite.

gen o ha pretz fach a obs a lor maihos et a lor baisselas et a lor vinhas paisel et a tot lor esplechia (2), sal de vendre, et si alcus ne fasia a vendre que sen acordes ab lo senhor de qui lo bosc seria.

Et tot estatias del castel sobredig que posca vendre et crompar tota mercadaria franca de leuda e de peatge et totz autre hom que aia cui son dadas donors ab que fassa las costumas del castel ; et las pestoressas que gasanho el sol I denier el bien et non plus ; e si trobava hom que may gashaesso totz los pas fos encorregutz et donatz per amor de Deu.

Et totz mazeliers que venda car el castel de Corbariu venda la bonna e leial e gassalia los cabs sols en bou et vacca el seu, el cab, els pes ; et en porc los cabs et ventre el say, et el mouto la pel, el cabs sols el seu et cabs elspes ; et si vendia car de gita (3) o daniel mort se li o ha dona ad aquel o ad aquela que lo compraria o la bolria crompar, donnesse V sols de Cahors a justizia et la carn fos encoreguda et dada per lamor de Deu.

Et tavernes que revendio vi gasanho un sol I denier et no plus ; et totz hom que venda vi a taverna tenga leial mesura azaga so vi, e i azagava so vi ab una falsa mesura, dona la premiera vetz V sols de Cahors justixia, el bis que seria en la tonna sera encoregutz als senhors, et la segonda vetz que seria trobatz tener falsa mesura pagaria LX et I sols justizia el vis de la tonna seria encoregutz als senhors ; e si daqui aban era trobatz tenen falsa mesura seria encoregutz de corps et da bes a voluntatz delz senhors ; e per aquesta mesura e de tota autra falsa mesura que tengues et de fals pes ode falsa cana o auna ;
e nuls hom que aja comensat a vendre lo vi de la tonna et sert pres no pot poisas creyser lo pretz mentre que vi auria en aquela tonna e prengo... per XV dias, e que nol solvia dins los XV dias quel posca enpenhar e vendre leialmen a bona fe, e si maihs navio que ho rendesse e si mais navio que ho cobresso.

E totz hom molheratz que fos trobatz ab femna mari-

(1) Usage.
(2) Mauvaise, bonne à jeter.

dada o hom que no fos molheratz ab femna maridada o ab autra que marit no ages sol que el ages moiler adulteri fazen, o nutz ab nuda o bragas baissadas o hera faudas levadas, per los senhors o per los bailes o per alcu dels senhors o dels bailes, per I o per II o per maihs ab dos cossols o ab autres testimonis o autras, se no podia aver les cossols, que fosson encoreguts a la volontat del senhors el et ela ; e totz hom que peleies femna ni la forses el sobredig castel ni en la honor y era prohat per testimoni, o per cofessio del home, que a la femna fazes la hemenda a conoguda a dels senhors e del capitol, et corps de lui et sas causas fossan en encorement dels a la voluntat dels senhors, pagatz las deudes que deuran.

E totz hom que fos trobatz en autruy ostal ni es lo senhor (de l'ostal li auria accomitat ab testimonis, que pages LX sols justizia per cada vetz que poisas y seria trobatz en lostal, si eia lostal daquel que fag auria lo conget o lavia logat.

Et totz hom et tota femna del castel sobredig ni de lapertenement que fa sanc... a dautre aia ne li senhor LX sols justicia ; sel senhor clam navio fait e desmenda leialmen al sanc foravat, e a per sanc forclame tota nafra (1) que sia facha ab fer o si ab fust, o ab hos, o ab peira, o ab teule, o ab autra semblan causa ; et sil nafratz moria daquela nafra que aquel que lauseria facha fos mes dejotz lo mort et totz so bes fossan encors als senhors, pagatz prumieramen daquels bes tots los deudes que aquel deuria ; e totz hom que feria de punh, o de palma, o de det, o de pe o tiraran pels iradamen o malignamen e venia clams al seinhor aya ne los senhors V sols justicia, facha lesmenda a lenjuriat.

Et tot hom et tota femna del castel sobredig ho de la honor que apela autre fals, ni tracher, ni bocapuden, ni autras vils tenensas semblans ad aquestas, et non hera aytals e venia clams als senhors, auran ne los senhors V sols justicia e fasso la emenda al enjuriat, e si era probat paguesso lo vencut.

Et totz hom et tota femna que panes de dias al castel

(1) Blessure.

predig ny en la honor, sede dex non era, pages LX sols justicia als senhors, e se non per dex, tota frucha e totz blat, se batuts non eia, e pailhe, e fe, e hortalisa ; e si pagar nols podia que coria la villa nutz o nuda en bragas ; et se panava de negtz que fosso totas sas causas et totz sos bes als senhors, et si panava re de dex de dias o de negtz ab sac, o ab panier o am comportas, o ab autras semblans causas, que pagues LX sols justicia als senhors, facha prumierament emenda ad aquel que auria pres lo dan ; E tota causa que de dex presas de dias o de negtz o autra maniera coma en las mas, o en capairo, o en se, o en fauda, o en capel de feutre, o en autra ensemblan causa dins los dex, que pagues V sols justicia als senhors o defora III sols ; e si eia trobatz en layronesi e non ero estatz condempnatz de la prumera vegada o devan, que sia encoregut lo cors e los bes a voluntat dels senhors de tota re de dex en fora.

E totz hom que es clams dautre de clam simple o si de demandas salms aia ne lo senhor V sols de justicia del venqut ; e si nulhs hom se clamava dautre de deude ho coffessava, si al donatz dias de pagar de XIV dias e si no la pagat al dia los dits senhors fasso pagar lo baratier apres lo XIV dias si trobava hom de que et que nayo V sols justicia ; e si non o trovabo et que fezesso far son dever de sagramen e dals ; es savedor que nulhs hom de parage del castel de Corbarieu ni de la honor no deu pagar justicia per nulh clam de deute ni de barata.

Et nulh hom del castel sobredig, senhor ni autre no posca penre hom ni femna del predig castel ni de la honor que drech posca formar in forme ; si non ho fazia, en tals cases que per dreg nol sos hom tengut de laisar ad fermansas ; e tota malfacha rescost facha sia estimada fizelment ab inquisicio dels senhors e dels capitols ;et que pot atrobar aquel o aquela que fach o auria que li fassa hom esmendar ; e si proat no era que sia esmendat del communal ; ses tengut per malfacha, rescotisa, foc mettre de neghs o de dias en blad, o en garbiers, o en feniers, o en maios, o en autres casas, o talas vinhas, o verdiers, o albres domeges, o bestial ausire, o engarrar, o vi escampar, o asolar, e totas malas fachas, ni era proat, que fos taquee, sespgtuao tas malas fachas, rescotissas que sio semblans ad aquestas ; e qui faria aquestas causas malas fachas ni era proat, que fos encorregutz del cors et de l'aver a conoguda dels senhors, facha lesmenda prumieramen ad aquel que dampnatge auria pres.

El senhor del castel sobredig no devo aqusar home ni femna del castel ni de la pertenement, ni no sen devo entremetre si clam no avio si fach de de cum non era ; e si li senhors fazio neguna demanda devo passar a conoguda del capitol segon que dreg ni razos seria, so es que o entro o fassan intrar per dreg o per costuma ; e non ho sabio far que naio conseilh o convessio de las partz et quel venqut pages las messios, sinon o fazio per ly sens.

E totz senhes del castel sobredig et tout autre home pot aver frausas de son feuzaters per razo del feus que tenra de lui.

E totz hom e tota femna del predig castel ni del pertenement posca gidar autre, si home mort no y avia o pres nol tenia o no agues facha causa per que degues suffrir pena corporal, o acomitatz non era del dig castel ;

E totz bayles que intre bayles per los senhors del dig castel, jure al capitol que el ferme et garde e sa persona e fassa gardar las franquesas e las costumas del dig castel, salvas las drechuras dels senhors, e tota demanda que fassa carde la a conoguda del capitol, segon que drech ni rasos sera so es si o intresso e ho fezesso jutgar per dreg o per costuma.

E tota bestia grossa que sia trobada en malfacha done IV deniers justicia et tot autre bestias menu II deniers de cada bestia, et esmeuda la malfacha dobla ; el pastre que gardaria lo bestias dins los dex page V sols justicia et fora dex III sols.

E totz los plagts que il menaran el castel sobredig ni en la pertenement en poder dels senhors, que aquel que es veneut page totas las messios a la cort et a l'autre part que aura venqut, facha estimacio prumierament a bona fe a conoguda dels senhors o de la cort e agud sacrament de la part per la qual es lo jutgamens.

E totz hom que es atrobat en autrui blat, o en autrui

prat, o en autrui vinha, o en autrui ort, o en autras malasfachas, pages V sols justicia dins los dex et fora dex tres, et doble la mala facha ; e daquestas justicias sia cresudas la garda o aquel que ho auria vist ab sacrament entro ab si o autre hom jurat.

E lo senhor del moli fasso lo blat molre a be et a fe, e naio lo setze de blat e de la farina del cestier doas palas, quasquna de I palm de totz caires ; e per aquesta razo que hom y molria e ab aysso lo molinier ne torne le blat el moli en ango la farinha ; e si blatz era mal motz, ni azolatz, ni perduts per colpa dels moliniers ny y sia clams ni ranqura, page li moliniers V sols justicia als senhors e que adobe lo dampnage ad aquel cui lo blat seria ; e es devers que tug li home del castel ni del apertenemen de Corbariu ni de la honor devon anar molre, es molis e en las aigas dels digs senhors si los molis so abondans et podo tot molre, aissi com sobre escrit es ; e li fornie porto et fassa portar una taulada de pa cui al forn e torno o fasso tornar a maio daquel de cui seria quant sera coq ; e sil pas era mal cogtz per colpa del fornie o yssia clams ni ranqura, quels forniers pago V sols justicia e emenda lo pa ; el fornie que aja una femna e I mandatro a be et a fe segon que la coissa es.

E totas messios cominals del dig castel, soes assaber de pons et de portas, de balatz et de fons e destradas cominals e d esmendas, de malafachas o de autras causas sis fazian devon esser pagadas cominalment, atambe e le sio a be fe pels senhors e pels cavaers e pels barnas a conoguda del capitol e daquel que ho tailhario ; e si autras quistas si fazian, sal lalbregada e la ost, sia frans li senhor, et li cavaier, e li home del paratge, els bayles dels senhors ; et totas la summas dessus dichas de justizia, sono I deniers de Cahors.

Et aja el castel sobre dig V prohomes de capitol, II de paratje barnas, et aquestes prumiers que elegisco le senhor que sera present ab II de paratje e ab tres barnas ; e aquels que elegitz seran per lo capitol que juro que be e lialment estio al capitolat entro al cap de lan e lialment gardaro las drechuras als senhors e las franquesas e las costumas al castel ; e li bayle dels senhors que juro que tengo drechuras a tot cominalmen atambe als paures coma als grans, gardan las franquesas e las costumas al castel ; e li bayle dels senhors que juro que tengo drechuras a tot cominalmen atambe als paures coma als grans, gardan las franquesas e las costumas del castel, sal los dreitz dels senhors et de las costumas predichas.

E tug li home del dig castel sobredig, cavaier e autre, sal los senhors, juron al capitol celar et avitar e que lor erar obedient en totas causas degudas e honestas, sal los dreitz dels senhors.

El dig capitol que aja poder de triar cadan capitol am cosselh dels senhors, et si lo capitol fazia messio pel cominal de la vila, devion las paguar tot lo cominal els en devo gardar de tot dan.

E tot home que pesque en las aygas de Corbario, so es assaber el fluvi de Tarn, del riou de Belloc entro lo riou d'Orgelh que estia en Corbario ni en la honor, que ajo li senhor daquelas aygas so es a saber ; en Peyre G. de Corbariu, en Tardiu e en S. de Montpezat, en cada pescador que peïs venda ni sia vezia de pesquar, VI deniers de Cahors ni lan a cadaun dels senhors so es assaber an P. G. de Corbario, VI deniers de cadan dels pescadors, e en Tardiu e en S. de Montpezat, VI deniers de Cahors autras tres vetz lan de cadun des pescadors en aissi coma soberedig es a bona fe et a la ventura dels filatz le chalos el premier peis de paratje que prengo entre totz las senhors de qui las aygas serian, e tota autra aventura que remazes en rivage ni en las aigas ; e si negus hom rete nau ni fusta na autra semblan causa que li senhor aguesso drech que aquel que la tenria agues la mitat et tot quand li senhor ne deurio aver e l'autre mitat que fos als senhors ; e cadaus hom del dig castel e de la honor puesca pesquar en las aigas del dig castel tot franquament a obs de son manjar sal que non venda.

Et totz hom que prezes colonis am filat on que los prezes que de colombier fosso o de maio en la pertenement de Corbario, que des XX sols Cahors justicia als senhors et que esmendes la malfacha ; e totz hom que casses en autrui deves ni en clapier a frau daquel de qui seria, que pagues als senhors XX sols Cahors justicia e que esmendes la malfacha.

E li avant digs seinhor et li cavaier del dig castel e li autres que drechuras y an douadas totas las nausas al cominal del dig castel ni de la honor, so es assaber: S. de Montpezat per si et per en Bertran so frayre, En Tardio son oncle, la mitat de la nauza d'Espinet, e aviay donat lo davandig S. de Montpezat per si et per en Bertran so frayre la mitat de la nauza Gleyasga, en B. Lunel e sei per semblantia lautra mitat, en P. G. de Corbario, en Tardio, en S. de Montpezat per si et per en Bertrand so fraire, en Armand de Corbario et tug autre home que parti an an donada tota la nauza del Ribonel a totz los habitans del dig castel ni de la honor ; en Grimaut de Corbario a donada tota la nauza Donostephina estiers et los jontz que son damon e aval esser.

E nulhs hom non sia desaizit de re que aja ni tenga que dreg puesca far nil volha e si o era que le senhor el capitol len avides.

E totz hom que raubes cami en la honor del dig castel de Corbariu deu esser encorregut en conoguda e a voluntat dels senhors e de la cort o del capitol del dig castel.

E nulhs hom del castel sobredig ni de la honor, sals dels senhors e de lors bayles, no puescan penhorar et per sa auctoritat e si non o fazia per so seus salvatie, o per seu erbatie e fairio per las costumas no seria siax (ou frax), sal que ho penhorava se non la fazia per cases autrejats pel dreg, o si non ho fazia home estranh per razo de dex et quel redes la penhora als senhors sal daquels que auria penhorat per lor salvatie et per lor herbatie o per lor seus.

E tug li home del dig castel puesca apradar et far pratz en lor ribas aquels que las y an ny aver las y devo et tener en defes de meg mars entro a la XVe de la S. Johan, si se gadas no eio ; et sia entendut que de la S. Johan entre demeg mars et devan podo et deu paisser e retengut paisiel, e noguies, e fruchiers a bonafe ; e nulhs homs aquestas ribas sobredichas no posco adeiser, si non o fazio a prat a plantar albas.

E tot lo cominal del dig castel dacordamen an sot e

quitat per aras et pertos temps an S. de Montpezat, e an Bertrand so frayre la mitat de la nauza d'Espinet per apradar debas Tarn o per albas plantar o per tota splecha a bona fe de meg mars entro à la XVe de la S. Johan, si segatz no eio, de fa sant Johan entro a demeg marz e davan podo e devò paiser en la dicha mitat de la nauza.

E de las juticias dels dex aia las doas partz lo cominal e la tersa li senhor del dig castel ; e que le senhor la fasso traire, si trobava forsa, el cominal deu pagar las gardas del preditz dex ; e que li cossols meto las gardas bonas et sals a bona fé els fasso jurar que sian bo et lial.

Aisso foc fait et pausat tot aissi cum sobre scriut es, anno domini millesimo CC°, LX°, V°;VI° idus septembris en presencia et in testimoni den Peire Dortes, e den G. de Peyra, e den Arnaud de Vilamur, e den Atamar de Rocafort, e den G. Navaira, den Gulesmes lo Picart et de mi G. Robert, cominal notari de Corbario que aquesta carta sumsi (ou scriusi) et signum meum apposui.

Apres aysso en lan sobredig V idus septembris al loc de Corbario, en P. de la Trena, en G. Trulieri, en Gautier Detur, en Pons de Frontonh volgro, recoubro, exceptero et jurero sobre S. Dieu evangelis, segon que li autre donzel e albarna avio jurat de sus, totas las costumas ais com sobre scriutas foc, en testimoni G. de Montpezat et de Grimaut de Corbariu e den G. Sicart e den R. Ruffel, e den G. Gasco, e den R. de Bozigas et de mi G. Robert, cominal notari de Corbario quel scrius e le senhet.

Confirmation des Coutumes de Corbarieu

Item anno domini millesimo CC° LXVI, XV dias a la intrada d'abril lo noble bar mosenhor Sicart Alaman ratiffican e avens per ferme tot so que il donavion et avens per ferm tot ce que il donavie ni lautrajame de las costumas sobre scriutas, ni era estat fag, ni adordenat, en nom de lui e per lui, per maestre Vincens de Rabastens sobredig, donec e confirmet e autrejet per si e per totzs sos successors per la senhoria que el avia el castel de Corbario sobredig ni en la pertenement totas las costumas e franquesas e senglas, aissi com sobre scriutas so als cavaiers e als barnas, e a totz los autres habitans del castel e de la onor sobredicha daquels que aras i so ni peradevant seran, e promes, juran sobre sans evangils tocats sa ma corporalmen, quel la faria fermas e durablas per tos temps e que encontra non vengan ni venir ne fassan per si ni per neguna autra pausada persona. Asso fo fac a San Somplize en presencia e en testimoni de maistre Guilhem de Lavaur, e del dig maestre Vincens, e den G. de Gailhac, e den R. de la Pena de Rabastens et de mi G. Robert, cominal notari de Corbario, scriut et senhet.

Item anno Domini millesimo ducentissimo LX° sexto, XII dias a la issida d'abrial, lo senhor P. G. de Corbario cofermen e tenens per forme tot so quen Bertran de Corbario so filh avia fach per lui ni en son nom en la donacion e en lautreiament de las costumas sobre dichas en Tardio de Corbario, en Grimaut de Corbario, totz tres per la senhoria que an el dig castel ni en la honor, donero, cofirmero e autreiro la dichas costumas a la universitat et a totz los habitnas del castel de Corbarieu sobredig ni de la honor ad aquels que aras y so, ni peradevant y seran, prometens per lor et per totz lors successors, juran, los quatre sans evangelis de Diou tocatz (comme ci-dessus), so en testimoni et en presencia den Bernat de Capela de Bressols, et den Guilhem de Servat, e den Peire Dortes, capela, e den Peire d'Uzercha, e de mi G. Robert sobredig notari que aquela carto scriust e senhet.

Item anno Domini millesimo CC° LXVI°, VIII dias yssida d'abrial feria sexta, G. de Montpezat per si et per so frayre Bertran, per razo de la senhoria quel avia el dig castel ni en la honor, donet autreiet et e cofermet las costumas sobredichas a la universitat del dig castel que aras y es ni peradevant y sera, prometens per se e per sos successors, jurans, los sans evangelis de deu tocatz (comme ci-dessus). En presencia e en testimoni den Tardiu de Corbarieu, e den Grimaut de Corbario et den P. Rutorier e den Olivier de Ganiac e de mi G. Robert, notari sobredig qui hoc scripsi et signavi.

Item anno Domini millesimo CC° LX° IX° IX dias la issida de may feria prima, R. Amaneus juret sobre sans evangelis tocatz de sa ma corporalment, quel las costumas sobredichas gardara a son poder lialmen, en presencia den P G. de Corbario e den Grimaut de Corbariou e de mi G. Robert sobredig qui signum meum apposui.

CONCLUSION

Cher Lecteur,

Nous vous avons dit, aux premières lignes de ce modeste ouvrage, le but que nous avons pensé poursuivre: glorifier en quelque sorte nos aïeux de ce qu'ils ont fait pour nous, les faire vivre dans l'histoire dont leurs fils peuvent être fiers.

Partout où il y a des hommes, c'est l'éternelle lutte entre les ténèbres et la lumière.

Le mal est terrible dans ses résultats immédiats; le bien est presque désespérant par la lenteur avec laquelle il se répand et féconde les efforts de l'humanité vers cet idéal de joies, de bonheur, de jouissances morales et matérielles auquel elle aspire.

L'histoire de notre pays est en quelque sorte la même que celle de tous les villages et de la France entière, avec cette différence qu'elle doit nous intéresser plus vivement parce que ce sont ceux qui nous ont donné le jour, qui se trouvent directement en cause ou dans l'action; leur vie, leurs travaux, leurs mœurs ont sur nous une influence que nous devons connaître afin de faire profit des enseignements qui en découlent.

Connais-toi toi-même, disait Platon à ceux qui lui demandaient comment on doit juger les hommes.

C'est parce que nous ne nous connaissons pas suffisamment que nous commettons des erreurs dont les conséquences se font sentir aujourd'hui, qui demain causeront notre ruine si nous fermons obstinément nos yeux.

L'histoire est un miroir dans lequel nous conservons l'image de ceux qui ne sont plus. A mesure que les générations passent, elles y laissent l'empreinte qu'une main amie et loyale doit buriner. Nous avons entrepris cette œuvre difficile et délicate, soutenu par la pensée qu'elle ne sera pas sans profit pour ceux de nos lecteurs qui veulent tirer parti des leçons de l'experience.

Chers concitoyens, notre tâche est achevée, la vôtre se continue.

Il vous appartient de jeter vos regards sur le passé et de vous réjouir des progrès accomplis; de vous instruire pour grandir encore votre personne morale, pour vous mettre en état de prendre votre part des responsabilités qui vous incombent dans l'administration de vos familles, de votre cité, de votre pays; en un mot, de préparer par votre prudence et votre sagesse les progrès à venir.

Puissiez-vous ne jamais oublier que vos pères ont répandu des larmes, leur sueur et même leur sang dans les sillons que vous retournez (Morture); qu'ils les ont fécondés par un travail opiniâtre souvent attristé par la rapacité des maîtres qu'ils ont vaillamment combattus, et que, par amour pour vous, ils ne se sont point découragés.

A votre tour songez que vous êtes les membres de la grande famille de Labastide; qu'une solidarité étroite doit vous unir pour vous permettre de parer plus aisément aux charges et aux difficultés croissantes de la vie.

Si nos travaux et nos réflexions peuvent contribuer à vous rendre toujours plus dignes, toujours plus heureux, nous serons satisfait et suffisamment payé de notre labeur.

TABLEAU DES COMMERÇANTS OU INDUSTRIELS

Bac et bateaux, pêcheurs : Gibert.
Bouchers-Charcutiers : Hugounenc, Billard.
Boulangers : Arbeau, Delpy.
Bourreliers-Selliers : Gibert.
Cafetiers : Costes, veuve Pech, Praynet.
Chaises (fabricant de) : Pech.
Charpentiers et Entrepreneurs : Inaud, Jean.
Charrons : Boyer, Boujon.
Chaux, Plâtres, Charbons : Boyé, Sérié.
Coiffeurs : Arbeau, Betirac, Despons.
Cordonniers : Bedel, Pech, Rival.
Courtiers en grains : Arbeau, Castela, Sérié.
Courtiers en vins : Desquines, Rouziés, Double.
Electricité : Société bordelaise, Tricoche.
Engrais (fabricant d') : Prieur.
Epiciers : Arbeau, Bédel, Lacoste, Fenchenat.
Forgerons-Maréchaux : Estève, Froment, Garros, Terrancle.
Jardiniers : Boissières.
Lingères : Gibert, Souladié.
Maçons : Inaud, Lafont, Méric, Sol
Médecin-Pharmacien : Docteur Milliès-Lacroix.
Menuisiers : Bessac, Doumerc.
Merciers : Arbeau, Bédel, Lacoste.
Minotiers : Bénech.
Pâtissiers : Dellard.
Représentant de commerce : Clausade.
Restaurants : Dellard, Praynet.
Sabotiers : Savy.
Tailleurs d'habits : Arbeau, Despons.
Tonneliers : Andrieu, Dellard.
Vins en gros (marchand de). — Rayssac.

TABLE DES MATIÈRES

Pages.

TROISIÈME PARTIE

Labastide-Saint-Pierre

QUATRIÈME PARTIE

Situation nouvelle

CINQUIÈME PARTIE

Le Claux

Pages.

SIXIÈME PARTIE

La Martyre du Claux

SEPTIÈME PARTIE

Accroissement du Pouvoir royal

HUITIÈME PARTIE

Labastide et la Révolution

NEUVIÈME PARTIE

L'Empire et les Marquis de Puylaroque

DIXIÈME PARTIE

Progrés moraux et matériels

ONZIÈME PARTIE

Agriculture

ERRATA

Page 32, ligne 19, *lire :* parce, *au lieu* de : paru.

Page 39, ligne 7, *lire :* Thémines.

Page 46, ligne 28, *lire* : tienne, *au lieu* de : teine.

Page 80, lignes 6 et 7, *lire* : maisons, granges.

Page 83, ligne 13, *lire :* Léonard, *au lieu de :* Léonad.

Page 157, ligne 32, *lire :* il y a eu, *au lieu de :* il y a.

www.ingramcontent.com/pod-product-compliance
Ingram Content Group UK Ltd.
Pitfield, Milton Keynes, MK11 3LW, UK
UKHW021130220726
13924UKWH00004B/1995

9 782019 938703